快速读懂民法典

合同编

一纸契约保权益

钟兰安　主编

中国民主法制出版社

图书在版编目（CIP）数据

快速读懂民法典．合同编——一纸契约保权益 / 钟兰安主编．-- 北京：中国民主法制出版社，2021.4
ISBN 978-7-5162-2191-4

Ⅰ．①快… Ⅱ．①钟… Ⅲ．①民法－法典－中国－学习参考资料②合同法－中国－学习参考资料 Ⅳ．①D923.04 ②D923.64

中国版本图书馆 CIP 数据核字（2021）第 044180 号

图书出品人：刘海涛
出 版 统 筹：乔先彪
责 任 编 辑：许泽荣　谢瑾勋

书　　名 / 快速读懂民法典・合同编——一纸契约保权益
作　　者 / 钟兰安　主编
插　　画 / 图图话话艺术教育・蛋糕老师

出版・发行 / 中国民主法制出版社
地址 / 北京市丰台区右安门外玉林里 7 号（100069）
电话 /（010）63055259（总编室）　63058068　63057714（营销中心）
传真 /（010）63055259
http: //www.npcpub.com
E-mail: mzfz@npcpub.com
经销 / 新华书店
开本 / 16 开　640 毫米 ×920 毫米
印张 / 12　**字数** / 79 千字
版本 / 2021 年 4 月第 1 版　2021 年 4 月第 1 次印刷
印刷 / 唐山才智印刷有限公司

书号 / ISBN 978-7-5162-2191-4
定价 / 39.80 元

我叫王小强，自认是个达观的乐天派，虽不说事业有成，但也小有成绩，唯一的爱好就是研究法律，只因吃过不懂法的亏，也尝过以法律保护自己和身边朋友权益的成就感。

我所遇到过的纠纷，可能是你，也可能是他/她正在经历的纠纷，博学多思、古道热肠的我今天化身“普法男神”，让你远离法律盲区，为你保驾护航，让法律能够成为每一个人的合法武器！

民法典
诞生

合同编

小到超市购物，大到买房买车，合同在我们的生活中无处不在，它影响着我们生活的方方面面。合同编作为《中华人民共和国民法典》（以下简称《民法典》）中条文数量最多的一编，占据了“半壁江山”，可谓“浓墨重彩”，由此可见，合同编不仅是《民法典》的重要组成部分，更是社会生活不可缺少的法律保障。

《民法典》合同编在原合同法的基础上进行了诸多完善和创新。在债法的一般性规则方面，增加了非合同债务、多数人债务等法律适用规则；在合同完善制度方面，增加了电子合同、预约合同、格式条款制度等方面的规定，使“霸王条款”等社会热点问题的处理从此有法可依，为合同中处于弱势地位的当事人提供了法律救济；对国家订货合同制度、合同效力制度和合同履行制度等进行了完善，特别是新增了情势变更制度，让合同的履行更为公正、公平；合同的保全方面，代位权、撤销权的完善，强化了对债权人权益的保护；对债务转让、债务转移制度的细化以及债务清偿抵充规则的新增，都让《民法典》合同编作为债法总则的功能进一步完善；对合同解除规则及违约责任制度的完善，使得《民法典》合同编的通则部分兼顾了合同自由、合同严守以及合同正义，具有重大的现实意义。

在典型合同部分，新增了保证合同、保理合同、物业服务合同和合伙合同，这是对现实需要的适应。其中，第686条第2款中规定“当事人在保证合同中对保证方式没有约定或者约定不明确的，按照一般保证承担保证责任”，是迄今为止我国保证法律制度立法的一个最重大的变革。

而在最重要的有偿合同——买卖合同方面，充分贯彻了绿色原则，第625条新增条款中规定，出卖人负有自行或者委托第三人对标的物予以回收的义务。第六百八十条明确禁止高利放贷，规定借款的利率不得违反国家有关规定，为依法打击“高利贷”“套路贷”提供了法律依据，对维护正常的金融秩序起到极为重要的作用。

在租赁合同方面，承租人优先购买权、买卖不破租赁原则等方面的完善和承租人优先承租权的新增，更好地保护了承租人的利益。客运合同方面，对旅客“霸座”、抢夺方向盘等严重干扰运输秩序和危害运输安全的行为，都不再束手无策，而是能够按照《民法典》新规依法追究其责任。此外，无因管理和不当得利作为准合同被纳入《民法典》合同编，二者本质上不属于合同，但都是我们生活中常见的法律现象，再次体现出《民法典》的债法总则功能。

《民法典》是我国第一部以法典命名的法律，也是建设法治中国的一座里程碑。合同编占据了《民法典》的“半壁江山”，富有中国特色、回应社会关切、体现时代精神，在维护市场秩序、增强经济发展动力等方面都将起到重要作用。

第一章 立字为据，有备无患

第二章 认真签约，依法履行

第三章 合同可协商，违约法不容

第四章 买卖和赠与，契约来保障

第五章 处理财产关系，有契约更省心

第六章　进行社会活动，让合同保驾护航

第一章

立字为据，有备无患。

1 用电子邮件订立的合同，有法律效力吗？

王小强的同学木颖经营着一家特色布艺小商品加工厂，产品物美价廉，颇为畅销。木颖一般用电话、传真等方式与客户联系。最近，她在网上结识了一个新客户，对方是一家经纪公司，急需定作一批帽子，并将产品要求和样式等通过电子邮箱发给了她。木颖将加盖合同章的合同扫描后发给了对方进行确认。随后，对方发回了签章后的电子合同，付了1万元预付款，要求7天之内发货。

木颖和员工加班加点完成了这批帽子，并及时发到对方手中。没想到，对方却要求退货，原因是这批帽子不符合要求，他们要求的是纯棉材质，产品却是尼龙材质的。木颖告诉客户，他发来的邮件里的帽子材质就是尼龙的，合同中也注明了帽子的材质为尼龙。但对方称没有细看，并认为用电子邮件订立的合同不具有法律效力，坚持要求木颖退款并赔偿损失。

木颖便向法律经验丰富的王小强咨询：对于这次交易，双方没有订立正式的书面合同，用电子邮件订立的合同有法律效力吗?

随着科学技术尤其是信息技术的发展，企业间越来越多地利用电话、传真、电子邮件等方式来洽谈业务，基于时代的要求，《民法典》在原合同法的基础上，确认了电子合同的书面形式属性，明确能够有形地表现所载内容，并且可以随时调取查用的数据电文视为书面形式。虽然《民法典》对电子合同制度作出了形式层面的规定，但在交易时企业也必须注意书面形式合同的重要性，在通过电子邮件确认后可以要求对方把书面形式的合同邮寄过来，以确保交易安全。

本案例中，木颖通过电子邮件与客户确认交易的情况是很常见的，由于邮件中加盖了具有法律效力的合同章，该合同具有法律效力，木颖可以以此主张合同中规定的权利和义务。

法典在线

《中华人民共和国民法典》第四百六十九条　当事人订立合同，可以采用书面形式、口头形式或者其他形式。

书面形式是合同书、信件、电报、电传、传真等可以有形地表现所载内容的形式。

以电子数据交换、电子邮件等方式能够有形地表现所载内容，并可以随时调取查用的数据电文，视为书面形式。

2 合同中没有约定某些常见条款，就是无效的吗？

王小强与涂某签订了《股份转让协议》，涂某同意受让王小强在某投资管理有限公司的50万元股份。双方约定，自股份转让之日起，王小强不再享有该公司转让部分的权利、不再承担相应的义务，这部分权利和义务由涂某按受让股份继承。

但是，王小强等了很久，涂某与该公司并没有按照约定变更股东工商登记手续。于是，王小强将涂某和该投资管理有限公司告上人民法院，要求确认《股份转让协议》有效，并继续履行。被告则辩称该协议中没有约定标的、价格等，也就是无对价，不属于完整的合同，所以人民法院应认定合同不成立。涂某的辩称会得到人民法院的支持吗？

本案涉及合同条款的规定。《民法典》规定，合

同中除了写明当事人双方的姓名（名称）、住所外，一般还包括下列条款：

（1）标的，即合同的权利与义务所指向的对象，例如本案例中的股份；

（2）数量和质量，都是度量标的的条件；

（3）价款（针对取得物而言）或者报酬（针对服务而言），无偿合同不存在本条款；

（4）履行期限、地点和方式，是合同的重要部分；

（5）违约责任和解决争议的方法，是为将来一方当事人违反合同约定或双方产生纠纷时如何解决问题做准备。

合同是双方当事人合意的产物，是双方协商一致的结果。因此，合同条款应该是在不违背禁止性法律的前提下由当事人自由决定的。合同是否成立，不在于是否遵照《民法典》第470条等法律法规，某些条款在合同中没有约定，依然可以通过行业惯例等情况予以确定，可以认定合同成立、有效。因此，涂某认为《股份转让协议》无效的诉求并没有法律依据，人民法院不会支持。

法典在线

《中华人民共和国民法典》第四百七十条　合同的内容由当事人约定，一般包括下列条款：

（一）当事人的姓名或者名称和住所；

（二）标的；

（三）数量；

（四）质量；

（五）价款或者报酬；

（六）履行期限、地点和方式；

（七）违约责任；

（八）解决争议的方法。

当事人可以参照各类合同的示范文本订立合同。

3 开发商虚假宣传，是否构成合同违约？

王小强打算结婚前买套适合自己的房子。几个月里，他综合考虑了地段、价格、户型、学区等因素，逛遍了城中各大售楼处。

有一天，王小强来到一个离市中心相对较远的售楼处，那里有一个新开的楼盘。他原本对这个位置不太满意，但看楼盘规划图，小区内绿化率高，还有很大的人工湖，仿佛花园一般，就动了心。咨询之后，销售人员告诉他，小区的绿化率超过了国家标准。经过销售人员的多次劝说，王小强终于在1个月后买下了该小区的一套房子。

1年多之后，小区建成，王小强签字收房时发现，小区的绿化和公共设施与他的预期相差甚远。所谓的草坪，原来是大面积铺设的一块块“植草砖”，绿化效果大打折扣。更令他啼笑皆非的是，宣传画上湛蓝的人工湖，竟然是用蓝色的塑胶制作的。他和其他觉得遭受欺骗的业主一起找到开发商理论，开发商却声称，他们从来没有说过小区里有人工湖，塑胶人工湖只不过是小区设计的景观而已。

小强说法

开发商为了卖房，经常采取夸大宣传的方式。很多购房者在发现上当后，也只得吃哑巴亏。购房者可能觉得，这种广告上印的或者口头承诺的东西，都不算合同。事实上，这是一种误解。开发商和购房者之间其实已经构成了要约，要约是希望与他人订立合同的意思表示。只要符合下列构成要件，要约就会发生法律效力：

（1）要约的内容具体确定，即要约内容必须明确，让人能够理解其真实含义。开发商对绿化效果的宣传和画在宣传画中的人工湖都是明确存在的，已经影响到购买者是否签合同、是否买房的意愿。

（2）表明经受要约人承诺，要约人即受该意思表示约束。开发商是向不特定的受要约者发出要约，其宣传就应当视为合同中的条款，是对双方都具有约束力的。

本案例中，王小强等业主可以按照合同违约来要求一定的赔偿，例如，要求降低房价或者要求开发商开挖人工湖、铺设草坪等。如有必要，也可以行使单方面解除权，要求退房。

法典在线

《中华人民共和国民法典》第四百七十二条　要约是希望与他人订立合同的意思表示，该意思表示应当符合下列条件：

（一）内容具体确定；

（二）表明经受要约人承诺，要约人即受该意思表示约束。

4 卖家觉得价格要低了，可以撤销要约吗？

木颖了解到某小学准备购进一批帽子，于是向该小学发函详细说明其产品的设计式样及价格等，并称可在10日内发函确认。发函后的第二天，木颖就收到了该小学的肯定答复。她有点儿后悔，觉得自己定价太低了，所以该小学才会如此迅速地同意购买，于是又向该小学发函称自己成本核算出现失误，声明原条件失效。双方因此产生纠纷。木颖打电话咨询同学王小强，想知道自己的行为是否合法。

交易中，双方相互讨价还价以确定具体合同内容的情况比较常见。要约人有权宣布撤回或撤销要约，但是有关价格的要约一旦生效，就不能随意撤回与撤销了。

根据《民法典》第141条规定，要约作为希望与他人订立合同的意思表示，撤回通知必须在意思表示到达相对人前或者与意思表示同时到达相对人。本案例中，木颖打算与某小学达成交易，向其发出函件，即为要约人，发出的函件为要约，该小学为受要约人。木颖想要更改价格，必须在该小学收到她的函件之前或在函件发出的同时撤回通知。显然，本案例不符合这一条件。

那么，木颖如果觉得这笔交易不挣钱，可不可以撤销要约呢？《民法典》规定，要约人撤销要约的意思表示应当在受要约人作出承诺之前到达受要约人，且有下列情形之一的，要约人不得撤销要约：

（1）要约人确定了承诺期限或者以其他形式明示该要约不可撤销的。在承诺期限内发生的不利于要约人的变化，是要约人应当承受的商业风险。

（2）受要约人有理由认为要约是不可撤销的，并已经为履行合同做了准备工作的。受要约人出于对要约人的信赖，开始为履行合同做相关准备工作，付出了一定的成本。这时再撤销，对受要约人来说是明显不公平的。

本案例中，木颖在要约中已经确定了明确的承诺期限，故应属于不可撤销的要约。同时，该小学对木颖的来函发出的肯定答复为承诺。承诺发出以后，买卖合同就已经成立并生效了，此时木颖再要求撤销要约即为单方终止合同，构成违约。

法典在线

《中华人民共和国民法典》第四百七十五条　要约可以撤回。要约的撤回适用本法第一百四十一条的规定。

《中华人民共和国民法典》第四百七十六条　要约可以撤销，但是有下列情形之一的除外：

（一）要约人以确定承诺期限或者其他形式明示要约不可撤销；

（二）受要约人有理由认为要约是不可撤销的，并已经为履行合同做了合理准备工作。

《中华人民共和国民法典》第四百七十七条　撤销要约的意思表示以对话方式作出的，该意思表示的内容应当在受要约人作出承诺之前为受要约人所知道；撤销要约的意思表示以非对话方式作出的，应当在受要约人作出承诺之前到达受要约人。

5 商家取消网购订单，是违法的吗？

自称“剁手一族”的网购爱好者王小强，在某购物网站上抢到了一张“立减1000元”的优惠券，购买了活动商品中的一款手机。这款手机的售价为5500元，王小强先使用了1000元的优惠券，余款选择货到付款的支付方式。不久，王小强收到商家发来的订单确认消息，总计4500元，并告知他预计送达时间。但是，王小强在第二天和第三天查看物流进度时，发现手机始终没有发货。几天后，王小强再次收到商家的消息，通知他该商品已经缺货，无法发出，并将缺货商品删除，不过他的优惠券可以继续用来购买其他活动商品。随后，商家删除了王小强账户中的上述订单。经过多次沟通，商家均拒绝履行发货义务，王小强向网站提交了投诉，并希望网站加强管理，杜绝此类事件再次发生。

消费者预览交易信息后确认订单，网络交易合同签订。

互联网购物在人们的生活中已经越来越普遍，给人们的生活带来了很大的便利。但是，网上订购，货物不是当场交付，许多问题也随之产生，其中就包括订单被取消。取消订单，涉及合同是否成立的问题，要确定合同成立与否，首先得判断双方是否完成了要约和承诺。要约是指一方当事人以缔结合同为目的，向对方当事人提出合同条件，希望对方当事人接受的意思表示。而承诺是指受要约人同意要约的意思表示。只要双方意见一致，合同就成立了。

本案例中，商家已经将待售商品的名称、型号、价格等信息都展示在购物网站上，内容是具体确定的，与陈列柜中的商品性质是一致的，是符合要约的特性的，应当视为网络交易合同的要约。因此，消费者浏览交易信息后自由选购并确认订单，应当视为进行了承诺，网购合同也随之成立。提交订单成功的时间，就是网络交易合同的成立时间。

在本案例中，王小强和商家的网络交易合同是有效的，商家应当向王小强交付手机，而王小强应该在收货的同时支付剩余货款。

法典在线

《中华人民共和国民法典》第四百九十一条　当事人采用信件、数据电文等形式订立合同要求签订确认书的，签订确认书时合同成立。

当事人一方通过互联网等信息网络发布的商品或者服务信息符合要约条件的，对方选择该商品或者服务并提交订单成功时合同成立，但是当事人另有约定的除外。

新法亮点

网络购物是日常生活中越来越趋于常态的新购物模式，网络购物相较于传统的买卖合同关系，合同的订立和履行存在一些不确定性，针对这一问题，《民法典》第491条明确规定了网络购物合同成立的时间点，有利于减少网络购物中的纠纷。同时在第491条第2款中规定，必须以商家发布的商品或购物信息构成要约为前提，即商品或服务的提供商发布的商品或服务信息必须具体明确，如包含名称、型号、价格、数量等，才能构成要约。这一法律规定不仅有效保护了交易双方的权利，也适应了网络交易蓬勃发展的需要，是法律法规与时俱进的表现。

6 签订合作意向书之后，一方反悔了怎么办？

王小强的老家段家村旁有座荒山，某医药公司对这座山进行了一番考察之后，认为这座山是一种稀有草药的生长地，适合在此处培养该种草药，于是与段家村村委会签订了意向书：如果村里人能够找到该草药并确认这种草药能够进行人工栽培，医药公司便与村委会合作成立种植基地。想到这会给村民带来非常可观的收入，村主任十分高兴，就与医药公司签订了合作意向书。

随后，村主任组织了上百名村民，花了1个多月的时间找遍了整座山，发现了这种草药，并详细研究了草药的生长周期以及栽培所需的土质和气候，确定人工栽培的可行性。于是，村主任将情况告知医药公司，并确定成立种植基地的事宜。但是，医药公司签订意向书的领导已经离职，新领导觉得种植基地无法为公司带来较大的回报，所以决定不再执行该项目。

村主任很不满，但是合作意向书中并没有约定违约金，这让他很后悔，觉得无法向村民们交代。请问医药公司是否应当赔偿段家村的损失？

本案例涉及的是预约合同的法律适用问题。预约是指，当事人之间约定在将来一定期限内应当订立合同的预先约定。将来应当订立的合同叫本约。在很多交易，特别是重大交易时，往往无法一蹴而就，双方需要在订立正式合同前暂时将交易的意愿或模式等暂时确定下来，签一份预约合同。预约合同的表现形式，包括认购书、订购书、预订书等。预约合同成立后，产生预约的法律效力。判断一个约定是预约合同还是本约合同，要根据双方当事人的真实意思表示和合同的全部内容来确定：

（1）合同要素明确，双方当事人意见一致，其他事项规定也很明确，没有必要再另行订立合同的，就是本约，这是区分二者的根本标准；

（2）如果将来签订正式合同时，直接按照预约合同来履行，不再另行订立本约，该预约合同就可视为本约；

（3）一项预约的内容比较完备，而且一方当事人已经履行了主要合同义务时，倾向被认定为本约；

（4）预约合同通常约定在一定期限内订立本约合同，本约合同则通常约定违反合同要承担哪些责任。

签订预约合同后，若一方明确拒绝订立本约，就认定预约合同违约。如果双方在预约合同中对违约金有约定，就按照约定赔偿。如果没有约定违约金，就需要根据当事人主观过错程度以及造成对方损失的多少酌情赔偿。

本案例中，双方虽然没有约定违约金，但村民们依然可以要求医药公司承担预约合同的违约责任，例如，对一个多月在山上寻找草药的人工费、误工费等进行赔偿。

法典在线

《中华人民共和国民法典》第四百九十五条　当事人约定在将来一定期限内订立合同的认购书、订购书、预订书等，构成预约合同。

当事人一方不履行预约合同约定的订立合同义务的，对方可以请求其承担预约合同的违约责任。

原合同法对预约合同并未进行明文规定，但市场交易活动中存在形形色色的预约合同，需要法律确认。《民法典》将预约合同正式纳入法律制度之内，让社会中大量存在的预约合同以及由此产生的纠纷有法可依，明确了交易主体之间的法律关系，强化了社会信用，推动市场经济健康有序发展。

7 商家的“最终解释权”，是不平等的格式条款吗?

王小强是一个健身爱好者，在小区健身房花了2000元办了年卡。因为离家近，环境好，此后半年中，如果没有特殊情况，他每天都要去健身房锻炼。

这一天，王小强来到健身房前，发现大门紧锁。王小强找到经理，经理说由于经营不善，健身房已经决定停业了，未到期的会员则需要“转会”到5里路之外的另一家健身房。那家健身房不仅小，设施也差，距离王小强所在的小区较远，王小强不想转到那家店，于是要求经理退还剩下的会员费，自己另寻健身房。但是经理说：“未到期的会员会费不能退还，只能转会，健身房对会员的安置拥有最终决定权。”他还拿出会员卡说：“会员卡上面明确规定了‘本卡最终解释权归本健身房所有’，我们的决定是受法律保护的！”王小强最终决定用法律武器来解决这件事情。

本案例涉及格式条款。格式条款，是指当事人为了重复使用而预先拟定，并在订立合同时未与对方协商的条款。全部采取格式条款的合同，就被称为格式条款合同。与一般合同相比，格式条款合同具有以下特点：

（1）格式条款合同一般是由处于优势地位的一方拟定的，对方当事人则处于从属地位。拟定人有充足的时间对合同进行研究，对方当事人却往往没有机会对合同条款进行协商，短时间内很难正确理解合同条款。

（2）格式条款合同必须用明确的书面形式进行表达，且具有完整、定型、持久等特点。

一方面，格式条款与格式条款合同能够简化缔约手续，减少缔约时间，也有助于降低交易成本，提高生产经营的效率。但是，从另一方面来看，也容易助长垄断。对对方当事人（多数为消费者）来说，合同自由也遭到限制，容易导致不公平的结果。因此，为了保护交易中相对弱势的一方，提供格式条款的一方，如果未履行提示或说明义务，致使对方没有注意或者理解与其有重大利害关系的条款的，对方可以主张该条款不成为合同的内容。

本案例中，商家想用“最终解释权”为自己获得近乎无限的免责权利，该条款并不对当事人发生约束力，健身房的会员可以自由选择退费或转会。因此王小强有权要求退还剩余的会员费，选择新的健身房。

法典在线

《中华人民共和国民法典》第四百九十六条 格式条款是当事人为了重复使用而预先拟定，并在订立合同时未与对方协商的条款。

采用格式条款订立合同的，提供格式条款的一方应当遵循公平原则确定当事人之间的权利和义务，并采取合理的方式提示对方注意免除或者减轻其责任等与对方有重大利害关系的条款，按照对方的要求，对该条款予以说明。提供格式条款的一方未履行提示或者说明义务，致使对方没有注意或者理解与其有重大利害关系的条款的，对方可以主张该条款不成为合同的内容。

重金悬赏找狗，有人找到了，狗主人后悔了怎么办？

银河花园的赵先生最近非常着急，因为他的母亲喂养的一条泰迪犬走丢了。看着母亲因为伤心茶饭不思的样子，赵先生打印了几十张寻狗广告，在附近几个小区张贴。广告上有狗的照片和一些特征，并写了他愿意悬赏 2 万元给收留狗的人，并对提供线索帮助他找到狗的人也同样酬谢 2 万元。住在银河花园小区附近的王小强也看到了这个广告。过了两天，他在几里外的一家超市旁看到了一条无主的泰迪犬，虽然看起来脏兮兮的，但似乎与寻狗广告上的照片有几分相似。于是他给赵先生打了电话，告诉他狗所在的位置，帮助赵先生找到了丢失的泰迪犬。

当天，赵先生就带上水果去王小强家登门道谢，但从头到尾没有提悬赏金的事。王小强在第二天问起此事，赵先生声称第一个提供线索的是另一个人，自己已经将悬赏金转给了那个人。王小强让他提供转账记录，他却迟迟拿不出记录，但坚称自己把钱给了第一个提供线索的人。王小强知道他在撒谎，决定拿起法律武器保护自己的权益。

悬赏广告，是指悬赏人以公开广告的形式允诺对完成指定行为的人给付一定报酬的行为。现实生活中，很多人为了快速找到丢失的东西，都会用悬赏广告的方式宣称重金酬谢寻物之人，《民法典》明确将悬赏广告认定为双方订立的合同。悬赏广告的“公开方式”即以公告方式作出的意思表示，包括告示、传单、电视广播、报纸杂志以及互联网等。悬赏广告具有如下特点：

（1）悬赏广告是要式行为，一经发出，即产生悬赏要约的约束力；

（2）悬赏广告须约定报酬，对于完成悬赏行为的人，按照广告确定的数额给付酬金；

（3）悬赏广告是向不特定的人发出的；

（4）悬赏广告的悬赏行为须是合法行为。

本案例中，赵先生的寻狗广告是向不特定的人发出有要约性质的悬赏广告，王小强完成了悬赏广告上的指定行为，赵先生负有按照悬赏广告上的约定支付报酬的义务，赵先生不履行或者不适当履行支付报酬的义务，构成违约行为，应当承担违约责任。

法典在线

《中华人民共和国民法典》第四百九十九条　悬赏人以公开方式声明对完成特定行为的人支付报酬的，完成该行为的人可以请求其支付。

悬赏广告古已有之，因悬赏广告引发的纠纷在现实生活中也越来越多。一些悬赏广告完成人能否得到酬谢，常常取决于悬赏人的道德水准。道德不能约束到每一个人，然而法律可以，完善的法律可以使社会更加井然有序，公民更加诚实守信。《民法典》明确了悬赏广告的性质，并规定“完成该行为的人可以请求其支付”，即表明无论此人的行为能力如何，无论其在行为时是否知道悬赏广告的存在，皆可请求给付报酬。悬赏广告被定义为当事人订立合同的“其他方式”，使得完成悬赏广告指定行为的人的权益有了保障，也让悬赏人不能随意许诺金额后再反悔。

认真签约，依法履行。

第二章

1 合同中约定造成伤害“后果自负”的条款有效吗？

王小强在某连锁超市买了一个新的电锅。销售人员告诉他：“请一定按照说明书操作，否则出现问题，后果只能自负。”正常使用一段时间后，一天，王小强准备做饭，去按电锅的开关，手掌突然感觉到一阵疼痛，并伴随着头晕目眩的感觉。等他回过神来，手已经被烧伤了。他在医院处理好伤口后，带上电锅去找超市索赔。到了超市，销售人员问明情况后带王小强找到超市的负责人，这名负责人同意给王小强换新锅或退款，但不肯承担他的医疗费等费用，其根据就是销售人员事先所说的不按说明书操作“出现问题，后果只能自负”这句话，如果要赔偿医疗费，需要王小强证明自己是按照说明书的操作使用电锅的。王小强指出他们这条免责条款是无效的，超市应当赔偿他的医药费。

本案例涉及合同免责条款的规定。合同免责条款，是指双方当事人在合同中预先达成的免除将来可能发生损害的赔偿责任的合同条款。现实生活中，很多商品出售方为了免除自己的责任，在订立合同时都会加上“后果自负”一类的条款。多数情况下，只要双方都同意，这类免责条款是有效的。但是，有两个具体事由的免责条款却是无效的：

（1）约定造成人身伤害当事人不负责任的，该免责条款无效。不过，在拳击、散打、跆拳道等事先约定免除人身伤害责任的竞赛中，一方造成对方人身伤害，是不用承担赔偿责任的，除非一方故意伤害对方当事人，才应当赔偿；

（2）当事人故意或有重大过失造成对方财产损失的，该免责条款无效。

本案例中，超市一方利用自己的优势地位，要求消费者接受了不合理的免责条款，造成了消费者意思表示的不自由。超市售卖的电锅对王小强造成身体伤害，约定的免责条款为无效条款，超市应当承担对王小强的赔偿责任。

法典在线

《中华人民共和国民法典》第五百零六条　合同中的下列免责条款无效：

（一）造成对方人身损害的；

（二）因故意或者重大过失造成对方财产损失的。

合同生效后，还能对产品质量提出要求吗？

王小强所在的贸易公司和某棉纺公司签订了买卖合同，约定贸易公司向棉纺公司提供500吨棉，但双方没有约定棉的具体等级，只是约定了在合同订立之日起的3个月后交货。合同生效后，王小强和同事们开始积极备货，由于当时棉花市场一级棉的销售形势是最好的，他们就主要联系一级棉。不久，棉纺公司打来电话，提出现在的一级棉售价过高，而且公司这次制作的产品对棉花等级的要求也不高，想在合同中补充确定为二级棉。至于目前贸易公司筹备到的一级棉，他们也会照单全收，接下来只要联系二级棉就可以了。公司领导觉得目前筹备到的一级棉并不多，同意了棉纺公司的要求，双方就相关事宜达成了补充协议，贸易公司接下来开始筹备二级棉。那么棉纺公司在合同生效后补充要求产品质量，是否违反法律法规呢？

合同的签订，是平等主体的自然人和法人本着利益对等、协商一致原则签订的，双方的合法权益都受到法律保护。合同订立之后，双方依然可以就合同内容进行协商、变更乃至撤销，其中也包括补充协议。合同生效后，就质量、价款或者报酬、履行地点等内容没有约定或者约定不明确的解决办法包括：

（1）补充协议。双方当事人事后遵循自愿原则、协商一致，就可以对非主要条款作出明确约定，使合同变得完善。

（2）双方就合同的非主要条款的补充协议不能达成一致的，应当按照合同相关条款或者交易习惯确定。

可见，合同的主要条款确定后，非主要条款没有约定或约定不明确，并不影响合同成立，只要事后遵循自愿原则，协商一致后进行补充协议即可。因此，棉纺公司和贸易公司的买卖合同成立后，再经过协商约定棉花的等级，是完全合乎法律法规的，也是正确行使该合同权利的行为。

法典在线

《中华人民共和国民法典》第五百一十条　合同生效后，当事人就质量、价款或者报酬、履行地点等内容没有约定或者约定不明确的，可以协议补充；不能达成补充协议的，按照合同相关条款或者交易习惯确定。

3 合同中未约定运费，该由谁出呢？

某面粉公司生产的面粉在全国市场占据着一定的比例，并在很多城市设有分厂。该面粉公司常年与某物流公司合作，由物流公司将产品运往客户处。最近，该面粉公司与王小强所在的贸易公司签订合同，准备为该公司提供1000吨面粉。王小强代表公司与面粉公司订立合同，由于条款众多，他没有和对方详细约定运输方式和运输费用，合同上只是简单地规定“运输费用再做商议”。面粉公司委托物流公司运货，并要求物流公司将货运到后向收货方收取运费。但是王小强却认为，既然合同中对运输没有约定，就说明运输应该由面粉公司负责，运输费用也该由面粉公司支付。那么，运费应该由谁支付？

本案例涉及合同条款的继续确定的规定，包括质

量、价款或报酬、履行地点、履行期限、履行方式和履行费用的负担等不明确的，都需要进一步确定，本案例就是履行费用的负担不明确。一般来说，签订合同时都会对合同履行费用由谁来负担进行约定，但实践中往往会由于合同条款过多或者签订过于匆忙而忘了协商，从而没有对相关条款进行约定或约定不明确。到了履行合同时，就容易因为履行费用该由谁负担而发生纠纷，给双方的利益都带来损失。因此，《民法典》规定，履行费用的负担不明确的，由履行义务一方负担。同理，因债权人原因增加的履行费用，也要由债权人负担。之所以这样规定，是为了平衡双方的利益，促使合同顺利履行。

在本案例中，面粉公司是履行义务的一方，且事后合同双方没有达成一致意见，那么依照法律法规，运输费用应当由面粉公司负担，而不能让物流公司向收货方收取。

法典在线

《中华人民共和国民法典》第五百一十一条　当事人就有关合同内容约定不明确，依据前条规定仍不能确定的，适用下列规定：

（一）质量要求不明确的，按照强制性国家标准履行；没有强制性国家标准的，按照推荐性国家标准履行；没有推荐性国家标准的，按照行业标准履行；没有国家标准、行业标准的，按照通常标准或者符合合同目的的特定标准履行。

（二）价款或者报酬不明确的，按照订立合同时履行地的市场价格履行；依法应当执行政府定价或者政府指导价的，依照规定履行。

（三）履行地点不明确，给付货币的，在接受货币一方所在地履行；交付不动产的，在不动产所在地履行；其他标的，在履行义务一方所在地履行。

（四）履行期限不明确的，债务人可以随时履行，债权人也可以随时请求履行，但是应当给对方必要的准备时间。

（五）履行方式不明确的，按照有利于实现合同目的的方式履行。

（六）履行费用的负担不明确的，由履行义务一方负担；因债权人原因增加的履行费用，由债权人负担。

快递在运输途中损坏，风险由谁来承担？

王小强网购了一部手机，没想到手机质量存在很多问题，总是自动关机，于是他联系了该手机的售后客服，客服告诉他需要将手机邮寄到位于另一个城市的售后中心进行修理。王小强付了邮费，将手机寄到了客服指定的地址。客服告诉他，修理之后再寄回，需要半个月左右，让他先使用备用机。

经过十几天的焦急等待，维修中心终于将他的手机寄了回来。王小强因为当时比较着急没有先验货就直接签收了。等快递员走后，他迫不及待地打开包裹，发现手机屏幕被摔出了一道裂痕，非常显眼。王小强判断，这应该是快递运输过程中损坏的。他给快递公司打电话，对方告知他，由于他已经签收了，不能确认责任人，快递公司是无法进行赔偿的。王小强咨询了手机厂商的客服，对方表示，这种情况需要换屏，费用高达上千元。他非常懊悔，觉得要是自己在签收前打开包裹看一眼手机就好了。

随着网购走进千家万户，相关的争议和纠纷也越来越多。快递在运输途中损坏了，就是比较常见的一个问题。目前，很多商家都有商品购买一定时间之内无理由退换的承诺，贵重商品如手机也有“碎屏险”之类的服务。但是，现实生活中还是会出现像王小强一样的遭遇，由于签收前没有查看物品是否完好无损，所以不能得到赔偿。关于网购，《民法典》明确规定，通过互联网等信息网络订立的电子合同的标的为交付商品并采用快递物流方式交付的，收货人的签收时间为交付时间。可见，标的物(包括财产和行为，是当事人双方权利义务指向的对象，也是合同成立的必要条件）在快递途中、签收之前损坏的，应由卖家或快递公司承担。但是买家一旦签收，标的损毁、灭失的风险也随之转移到了买家身上，就无法要求赔偿了。

王小强的遭遇值得同情，但是他没有细看就签收，无法证明手机的损坏不是自己的责任，很难再要求赔偿。我们要从中吸取教训，在网购时尤其是网购比较贵重的商品时，确认商品完好再签收。

法典在线

《中华人民共和国民法典》第五百一十二条　通过互联网等信息网络订立的电子合同的标的为交付商品并采用快递物流方式交付的，收货人的签收时间为交付时间。电子合同的标的为提供服务的，生成的电子凭证或者实物凭证中载明的时间为提供服务时间；前述凭证没有载明时间或者载明时间与实际提供服务时间不一致的，以实际提供服务的时间为准。

电子合同的标的物为采用在线传输方式交付的，合同标的物进入对方当事人指定的特定系统且能够检索识别的时间为交付时间。

电子合同当事人对交付商品或者提供服务的方式、时间另有约定的，按照其约定。

5 欠款合同约定用物抵钱，可以不接受吗？

王小强曾和前同事小金合伙开了一家奶茶店，王小强主要负责出资，小金则负责奶茶店的具体运营。一段时间后，由于业务不佳，两人决定停止合伙关系。拆伙的时候，小金向王小强出具了一张欠条，同时明确承诺在3个月后付清35000元的欠款，或者将整套奶茶设备抵给王小强。3个月后，小金无法及时还清欠款，王小强向人民法院提起诉讼，请求判令小金支付欠款。但小金认为整套奶茶设备的价值不低于欠款，要求用设备抵偿债务。但是，王小强不肯接受设备，坚持要求小金支付自己35000元。王小强的要求能得到人民法院的支持吗？

本案例涉及选择之债。在一些债的关系成立时，会确定数个标的，包括钱、物等，当事人履行时选择

其中一个为给付的债，这就是选择之债的确定。《民法典》规定，债务人只需履行数种给付中的一种时，享有选择权，但前提是在合同约定的期限之内进行选择。这是为了保护债务人的利益，也有利于债务的履行。如果债务人在合同履行期限内没有履行合同，经催告后在合理期限内仍未行使选择权，选择权转移至债权人处。

在本案例中，小金在合同履行期限内没有履行合同，也没有行使选择权，选择权转移至王小强处。王小强要求小金支付35000元是行使选择权的结果，人民法院会予以支持。

法典在线

《中华人民共和国民法典》第五百一十五条　标的有多项而债务人只需履行其中一项的，债务人享有选择权；但是，法律另有规定、当事人另有约定或者另有交易习惯的除外。

享有选择权的当事人在约定期限内或者履行期限届满未作选择，经催告后在合理期限内仍未选择的，选择权转移至对方。

6 没过户的房屋，要先付款吗？

王小强的老家在城郊，由于附近建经济开发区，占了他家盖在村头的一间面积为50平方米的房屋。房地产开发商与王小强的父亲王大山签订了《拆迁补偿协议》，约定将一套80平方米的房屋补偿给他，但王大山需要在年底补偿开发商12万元的超面积补偿款，开发商则会在收到这笔补偿款的半个月之内安置王大山住进新家，并将房屋过户给他。但是，协议书签订之后，王大山并没有支付补偿款，开发商也没有将房屋过户给他。5年之后，开发商才让王大山住进了房屋，但依然没有将房屋过户给他。王小强建议父亲向人民法院起诉，要求开发商协助自己办理房屋过户手续，开发商则要求王大山支付补偿款。王小强让父亲宣称他享有不安抗辩权，不想先支付补偿款。因为王小强听说这个房地产开发商有其他纠纷，房屋有被查封的可能。没过多久，房子真的被查封了，王小强的谨慎让家里避免了一场大麻烦。

本案例涉及不安抗辩权的法律适用问题。不安抗辩权，是指双务合同中一方当事人应当先履行合同义务，在合同订立之后履行之前，有确切证据证明后履行一方当事人将来有不履行或者不能履行合同的可能时，先履行一方可以暂时中止履行，并及时通知对方当事人在合理期限内提供适当担保。不安抗辩权的适用主要有3个条件：

（1）双方因同一双务合同（指双方当事人互相承担义务和享有权利的合同）而互负债务；

（2）先履行合同义务的一方有充分的证据证明后履行的一方已经丧失或可能丧失履行债务的能力，如经营状况严重恶化、转移资产、丧失商业信誉、有丧失或可能丧失履行能力的其他情形；

（3）后履行的一方丧失或者可能丧失履行债务能力很可能导致先履行一方的债权无法实现。

本案例中，王大山和房地产开发商约定，王大山支付超面积补偿款，开发商为他过户房子，双方就是因同一双务合同而互负债务。开发商迟迟不让王大山住进新房，不给他办理过户手续，且房屋已被查封，这些迹象都表明王大山很有可能无法获得该房屋的所有权，可见他具备行使不安抗辩权的条件，不用向房地产开发商支付补偿款。

法典在线

《中华人民共和国民法典》第五百二十五条　当事人互负债务，没有先后履行顺序的，应当同时履行。一方在对方履行之前有权拒绝其履行请求。一方在对方履行债务不符合约定时，有权拒绝其相应的履行请求。

《中华人民共和国民法典》第五百二十六条　当事人互负债务，有先后履行顺序，应当先履行债务一方未履行的，后履行一方有权拒绝其履行请求。先履行一方履行债务不符合约定的，后履行一方有权拒绝其相应的履行请求。

《中华人民共和国民法典》第五百二十七条　应当先履行债务的当事人，有确切证据证明对方有下列情形之一的，可以中止履行：

（一）经营状况严重恶化；

（二）转移财产、抽逃资金，以逃避债务；

（三）丧失商业信誉；

（四）有丧失或者可能丧失履行债务能力的其他情形。

当事人没有确切证据中止履行的，应当承担违约责任。

7 遇到疫情无法继续履行合同，如何保障签订人的权益？

王小强在春节前夕辞去了年薪20万的工作，打算创业。他经过一番考虑，觉得人们对精神生活的追求越来越高，影院行业的发展前景一片大好。于是，他找到一座规模中等的商场，打算在顶楼或负一层开一家电影院。场地尚未谈妥，他已经与一家座椅生产厂家签订了购买500把椅子的合同。

这时，一场突如其来的疫情爆发了，全国各地的人们都积极投入抗疫行动中，普通人则足不出户，避免交叉感染，电影院因为属于人员密集场所，都关门了。王小强刚租下场地准备开张，却发现自己连门都出不了了。不光半年的房租白交，自己订的那批椅子也瞬间“打了水漂”。等到影院能够开门，不知道要过多久，即使开门了，能有多少顾客、赚不赚得到钱也还是个未知数，于是王小强联系了商场和座椅生产厂家，主动提出解约并对后续问题进行了协商。

王小强开心地选了个地方准备开个电影院。

1

2 可惜疫情来了，全部关门。

3

双方协商后解除合同

4

王小强的这次遭遇，涉及情势变更原则的规定。合同成立之后，其基础条件发生了当事人起初无法预见且不属于商业风险的重大变化（如疫情），仍然履行合同对当事人一方明显不公平，受到不利影响的当事人就可以请求与对方重新协商，以变更或解除合同，且可以要求免除责任。情势变更原则的适用条件极为严格，包括：

（1）在合同成立后至消灭前，合同行为的基础条件发生了与当事人主观意思无关的变动，且双方当事人对发生情势变更都没有主观过错；

（2）情势的变更是双方当事人没有预料到且无法预料到的，商业风险不在此列；

（3）继续维持合同的效力，会导致显失公平的结果，损害当事人的利益。

本案例中，疫情的爆发没人能预料，为了抗疫，自然在无法预知的一段时间内没人进电影院，王小强此时显然不能再开电影院了。因此，他可以请求解除合同。

法典在线

《中华人民共和国民法典》第五百三十三条　合同成立后，合同的基础条件发生了当事人在订立合同时无法预见的、不属于商业风险的重大变化，继续履行合同对于当事人一方明显不公平的，受不利影响的当事人可以与对方重新协商；在合理期限内协商不成的，当事人可以请求人民法院或者仲裁机构变更或者解除合同。

人民法院或者仲裁机构应当结合案件的实际情况，根据公平原则变更或者解除合同。

《民法典》颁布前，司法实践中将情势变更和不可抗力进行了区分，认为不可抗力不属于情势变更的范畴。《民法典》颁布后，不再将不可抗力排除在情势变更事由之外，只要造成了履行艰难、继续履行对当事人不公平，不论其属于不可抗力还是其他客观原因，都可能构成情势变更。该规定扩大了情势变更的适用范围，同时增加了合同双方自行协商机制，由双方根据诚实信用原则对权利和义务重新约定，体现了当事人意思自治和契约自由的原则，有利于减少诉累、协商解决纠纷。

我们常说“法不容情”，但法律其实也是有温度的。当情势变更出现，继续履行合同对一方显失公平时，适用情势变更原则，这样更符合公平原则。

8 债务人低价处分自己的财产，债权人可以行使撤销权吗？

王小强贷款买了一辆新车，新车刚开没多久，在一次行驶途中，一辆黑色轿车斜冲过来，撞上了王小强的车头。车头被撞瘪，王小强被撞晕，被送往医院。医院检查后发现，王小强全身多处受伤，需要住院 2 个月。经过调查，黑色轿车的车主宋某全责，双方签订了调解书。按照生效调解书，宋某需要支付王小强的医疗费、误工费、车辆修理费等共 15 万元。宋某在王小强住院期间已支付 1 万元，此后再也没有支付剩余的款项。

不久以前，宋某将他持有的某独资公司的股权以 4 万元的价格转让给了自己的弟弟，而公司的注册资本为 500 万元。王小强得知后，迅速向人民法院起诉，请求撤销宋某与其弟之间的股权转让行为。

本案例中涉及债权人撤销权的规定。债务人有偿处分自己的财产的行为，原本与债权人的利益无关，但一些债务人为了逃避债务，常常会串通第三方恶意处置财产，企图用合法的手段掩盖非法的目的。这时，债权人就可以拿起法律武器，向人民法院请求撤销债务人的行为，保护自身的权益。而行使撤销权的条件包括：

（1）债权人与债务人之间存在着债权债务关系；

（2）债务人实施了以明显不合理的低价处分财产的行为或者消极实施了放弃债权或债权担保等对债权有害的行为；

（3）债务人有逃避债权的恶意，受让人知道或应当知道债务人的真实意图。

本案例中，宋某将股权以明显不合理的低价转让给自己的弟弟，他的弟弟显然明白他的真实目的，这就构成了恶意。虽然双方是有偿转让，但显然是以明显不合理的低价转让，且双方无法举证证明 4 万元的转让价格的形成依据，目的显然就是转移资产、逃避债务。因此，王小强有权行使债权人撤销权。

法典在线

《中华人民共和国民法典》第五百三十九条　债务人以明显不合理的低价转让财产、以明显不合理的高价受让他人财产或者为他人的债务提供担保，影响债权人的债权实现，债务人的相对人知道或者应当知道该情形的，债权人可以请求人民法院撤销债务人的行为。

第三章

1 将债权转让给第三人，必须通知债务人吗？

王小强的好友岳呈呈，为了创业卖掉了父母去世时留给他的房子，还向王小强借了10万元。他创业失败，所有的钱都赔了进去。当岳呈呈知道王小强投资电影院遇到疫情造成经济困难时，想到同事郑某欠了自己8万元，于是与王小强签订了一份债权转让协议，把债权转让给了王小强。当王小强向郑某讨要时，郑某却说自己并没有向他借钱，直接拒绝了他。王小强向人民法院提起了诉讼，但是郑某在法庭上辩称，自己并没有接到岳呈呈发来的债权转让通知，债权转让并没有生效，自己当然不能将钱给王小强。法官根据上述事实，以岳呈呈没有将债权转让通知送达被告郑某为由，驳回了王小强的诉讼请求。

小强说法

本案例涉及债权人转让债权的通知义务的规定。

债权转让，是指债权人通过协议将其享有的债权全部或部分地转让给第三人的行为。债权转让的构成要件包括：

（1）须有有效的债权存在；

（2）债权的转让人与受让人应达成转让协议；

（3）转让的债权必须是依法可以转让的债权；

（4）债权的转让协议必须通知债务人。

债权人转让债权，未通知债务人的，该转让对债务人不发生效力。这就是说，债权转让的通知，只有到达债务人（指债务人以一定的方式知悉债权转让之事，书面与口头皆可）时才产生法律效力，目的是保护债务人的利益。但是，如果债务人早在债权转让通知到达前就履行了债务，债权转让通知就不产生法律效力了。债权转让通知到达债务人并发生法律效力后，债权人不能再撤销，除非接受转让的人同意撤销，该债权转让协议才会失去效力。

本案例中，王小强和岳呈呈虽然就债权转让达成了协议，但未通知债务人郑某，该转让协议对债务人不发生效力。

法典在线

《中华人民共和国民法典》第五百四十五条　债权人可以将债权的全部或者部分转让给第三人，但是有下列情形之一的除外：

（一）根据债权性质不得转让；

（二）按照当事人约定不得转让；

（三）依照法律规定不得转让。

当事人约定非金钱债权不得转让的，不得对抗善意第三人。当事人约定金钱债权不得转让的，不得对抗第三人。

《中华人民共和国民法典》第五百四十六条　债权人转让债权，未通知债务人的，该转让对债务人不发生效力。

债权转让的通知不得撤销，但是经受让人同意的除外。

合同履行结束后，当事人还有保密的义务吗？

岳呈呈创业失败后，吸取教训，打算将自己制作糕点的爱好变成职业。虽然没有专门学习过，但他制作的糕点在亲朋好友中广受好评。为了学习面包店的管理模式，他来到一家面包房应聘面点师傅，老板对他的手艺非常满意，录用了他。

在工作中，岳呈呈勤勤恳恳、积极好学，很快得到老板的信任。老板将面包房的招牌糕点——特色枣糕的独家秘方告诉了他，但要求他一定保密。他按照老板的秘方制作枣糕，成品口感细腻、枣香浓郁、回味绵甜，每天面包房一开门，顾客就排起了长队，到了晚上，来买枣糕的顾客还是络绎不绝。2年之后，岳呈呈离开了面包房，开了一家属于自己的面包房，生意虽然不错，但与之前他工作的面包房还是有一定差距，此时岳呈呈想到了大受欢迎的枣糕。枣糕的秘方已经牢牢印在脑海之中，岳呈呈应不应该为前任老板的秘方保密呢？

诚实信用原则是民法中应该遵循的基本原则。岳呈呈和面包房的合同关系已经终止了，他和面包房老板之间不再存在合同关系。合同关系虽然终止，但当事人之间还存在一定的关系，被称为合同后契约阶段的附随义务，简称后契约义务，也叫后合同义务。《民法典》规定，债权债务终止后，当事人应当遵循诚信等原则，根据交易习惯履行通知、协助、保密、旧物回收等义务。这些义务就是后契约义务，并不是合同中双方明确约定的，而是在交易中约定俗成的，大家都应当自然遵守。尽管如此，后契约义务依然具有强制性。如果当事人不履行后契约义务，损害了对方当事人利益的，应当承担赔偿责任。

岳呈呈知悉了面包房枣糕的独家秘方，该秘方能够带来较好的经济收益。如果他用此秘方经营自己的面包房，势必会与前老板产生竞争关系，损害对方的合法权益。所以，岳呈呈应该严格遵守诚实信用原则，履行保密义务，不能泄露和使用枣糕的独家秘方。

法典在线

《中华人民共和国民法典》第五百五十八条　债权债务终止后，当事人应当遵循诚信等原则，根据交易习惯履行通知、协助、保密、旧物回收等义务。

3 因疫情原因培训班“跑路”，还能要回学费吗？

一场突如其来的疫情，深刻影响了每个人的生活。王小强的电影院还没有开张就因疫情而倒闭，赔了一大笔钱，最近家里的一件事又让他头疼不已。原来，疫情开始前，妻子薛丽给女儿莎莎报了一个舞蹈培训班，一次性交了 1 万余元的学费。没想到，疫情突然爆发，培训班一开始还跟家长联系一下，商量能否通过网课继续培训，但是效果并不理想。家长担心机构运营不下去，纷纷要求退费。过了几个月，培训班终于因为资金链断裂，顶不住压力，“跑路”了。薛丽联系培训班的老师和老板，怎么也联系不上，微信群也被解散了。薛丽气得天天冲王小强发牢骚，王小强和其他家长联系后，向人民法院提起了诉讼，要求培训班退还剩余的培训费。

实践中，消费者常常预先向经营者交付一定额度的预付款，接着按照合同约定按次或按期享受商品或服务。这类消费方式中，一旦经营者结业、停业或客观条件发生重大变化，导致预付式服务合同无法继续履行的，就构成了违约，消费者有权要求解除服务合同，并要求经营者退回尚未履行合同义务部分的款项。为了保护在预付式消费合同中承担风险较高的消费者一方，《民法典》规定，合同因违约解除的，解除权人可以请求违约方承担违约责任，但是当事人另有约定的除外。如果解除合同的原因是不可抗力，则不发生损害赔偿责任。《民法典》对这一情形进行了明确清晰的规定：

（1）尚未履行的，履行终止，不再继续履行；

（2）已经履行的，一是根据履行情况和合同性质，二是根据当事人是否请求的态度，当事人可以请求恢复原状，也可以不请求。

培训班无法履行合同，必须通知家长并退还学费。培训班在一定期限内没有行使解除权，家长在其停业后无法进行通知，就可以直接提起诉讼，在诉讼请求中要求解除合同，这是符合《民法典》及其时间效力的相关规定的。

法典在线

《中华人民共和国民法典》第五百六十四条　法律规定或者当事人约定解除权行使期限，期限届满当事人不行使的，该权利消灭。

法律没有规定或者当事人没有约定解除权行使期限，自解除权人知道或者应当知道解除事由之日起一年内不行使，或者经对方催告后在合理期限内不行使的，该权利消灭。

《中华人民共和国民法典》第五百六十六条　合同解除后，尚未履行的，终止履行；已经履行的，根据履行情况和合同性质，当事人可以请求恢复原状或者采取其他补救措施，并有权请求赔偿损失。

合同因违约解除的，解除权人可以请求违约方承担违约责任，但是当事人另有约定的除外。

主合同解除后，担保人对债务人应当承担的民事责任仍应当承担担保责任，但是担保合同另有约定的除外。

4 明星"耍大牌"请人代替，应该承担哪些责任？

王小强所在的商贸公司打算邀请明星拍一个广告片宣传公司的一款产品，王小强极力推荐了自己喜爱的歌手赖某，盛赞她人美歌甜，形象又具有亲和力，非常契合产品的宣传理念。于是，王小强被指派与赖某的经纪公司进行联络，并代表公司与赖某签订了广告拍摄合同。到了拍摄当天，赖某却因不满报酬而不想参与拍摄，坐地起价遭到拒绝后，她竟然扬长而去。很快，经纪公司派人前来联络，询问能否由同公司演员代某到场拍摄，公司拒绝了。王小强代表公司多次与经纪公司协商解决方案均未达成一致意见，对此，公司针对经纪公司的违约行为提起了诉讼。

明星拍广告作为合同标的，就是非金钱债务。所谓

非金钱债务，是指除了金钱作为标的之外的债务，包括物、行为和智力成果等。《民法典》规定，当事人一方不履行非金钱债务或者履行非金钱债务不符合约定的，对方可以请求履行。不过，以下情形不能请求履行，但不妨碍债权人请求债务人承担其他违约责任：

（1）在法律或事实上无法履行的，不能请求继续履行，例如特定物已经毁损、灭失等；

（2）不适于继续履行或履行费用过高，也不能请求继续履行；

（3）债权人在合理期限内未请求履行，继续履行就没有必要了。

赖某和王小强所在的公司签订的广告拍摄合同，具有人身专属的性质，是不能找他人代替的。赖某不到场，非金钱债务已经不适于继续履行，因此，该经纪公司应该承担违约责任。

法典在线

《中华人民共和国民法典》第五百八十条　当事人一方不履行非金钱债务或者履行非金钱债务不符合约定的，对方可以请求履行，但是有下列情形之一的除外：

（一）法律上或者事实上不能履行；

（二）债务的标的不适于强制履行或者履行费用过高；

（三）债权人在合理期限内未请求履行。

有前款规定的除外情形之一，致使不能实现合同目的的，人民法院或者仲裁机构可以根据当事人的请求终止合同权利义务关系，但是不影响违约责任的承担。

5 贵重物品托运过程中损坏，谁来赔偿？

王小强听朋友说古董生意特别挣钱，据说“半年不开张，开张吃半年”，非常适合他这种业余爱好丰富的人。正巧，他认识了网名为“狐攸”的网友，两人聊得非常投机。狐攸说自己眼下急需一笔钱，手里有3件元代的青花瓷器准备低价出手，时机一到获利百八十万没问题。王小强动了心，坐上飞机到了“狐攸”所在的城市。看了那3件精美绝伦而又古朴凝重的瓷器，王小强觉得肯定是真的元青花。于是，他分别花了30万元、10万元和2万元买下了那3件瓷器。

准备返程时，这3件瓷器加起来重量不足5000克，按照航空公司规定不是必须托运的。王小强考虑再三，还是决定用很多泡沫塑料包裹好后放进行李箱托运。办理托运时，他说行李箱里是古董和易碎品，但是没有说物品的价值。飞机降落后，他取出行李，发现3件瓷器均有不同程度的损坏。于是，王小强一纸诉状将航空公司告上了法庭。在诉讼中，王小强说3件瓷器都是古董，但是都没有鉴定证书。航空公司认为，对于没有声明价值的行李，只能按照每千克100元的标准赔偿。王小强则认为航空公司没有主动告知，所以自己才没有对托运的行李声明价值。请问航空公司按照每千克100元进行赔偿是否合理？

本案例涉及违约损害赔偿责任问题。航空公司没能按照约定将王小强的货物安全送到目的地，而是令其在托运过程中损坏，已经构成了违约，应该予以赔偿。但是，本案的关键是赔多少。《民法典》规定，一方在合同履行中造成对方损失的，赔偿的金额应当相当于因违约所造成的损失，包括合同履行后可以获得的利益。但是，这一赔偿不得超过违约方订立合同时预见到或者应当预见到的因违约可能造成的损失。也就是说，赔偿的数额要在航空公司可以预见的限度内。

那么，航空公司能否预见到王小强托运的行李价值42万元呢？根据《中国民用航空旅客、行李国内运输规则》的规定，旅客托运的行李每千克价值超过50元时，可办理行李的声明价值，但每位旅客行李的声明价值最高限额为8000元。此外，还规定贵重物品不得夹入行李中托运，否则遗失或损坏后按一般托运行李来赔偿。王小强违反了这些规定，航空公司是无法预见到其行李的价值的。因此，应当按照航空公司的标准赔偿。

法典在线

《中华人民共和国民法典》第五百八十四条　当事人一方不履行合同义务或者履行合同义务不符合约定，造成对方损失的，损失赔偿额应当相当于因违约所造成的损失，包括合同履行后可以获得的利益；但是，不得超过违约一方订立合同时预见到或者应当预见到的因违约可能造成的损失。

6 违约金过高，诉讼时算不算数？

王小强的表弟高冬冬所在的大风建筑集团，和九英建材公司是水泥购销关系。大风建筑集团欠九英建材公司水泥款，于是向九英建材公司出具了 20 张欠款凭证，合计金额 1400 万元。此后，大风建筑集团还了 50 万元后又与九英建材公司就欠款签订了还款协议。协议中确认了欠款数额为 1350 万元，并约定还款期限为 2 个月，逾期需承担欠款总额 30% 的违约金。协议签订后，大风建筑集团又支付了 350 万元，剩下的款项截至还款期限一直未再支付。双方商议违约金时，产生了纠纷，大风建筑集团认为违约金过高。请问该违约金是否过高，还算不算数？

《民法典》规定，当事人可以约定一方违约时应

当根据违约情况向对方支付一定数额的违约金，但约定的违约金低于或高于造成的损失的，当事人可以依法请求予以适当增加或减少。之所以这样规定，是为了让合同不成为一方压制对方的工具，以实现当事人之间的公平，在现实中往往保护了弱势的缔约一方。

那么，该如何认定违约金过高呢？根据相关法律规定，当事人约定的违约金超过造成损失的30%的，一般被认定为违约金过分超过了实际造成的损失，可以认定为违约金过高。实践中，法官常常综合考虑实际损失、预期利益、合同履行情况以及双方当事人的过错程度等因素，遵循公平原则、诚实守信原则进行裁决。这不仅能体现出法律的公平与公正，也起到保护交易秩序与交易安全的作用。

法典在线

《中华人民共和国民法典》第五百八十五条　当事人可以约定一方违约时应当根据违约情况向对方支付一定数额的违约金，也可以约定因违约产生的损失赔偿额的计算方法。

约定的违约金低于造成的损失的，人民法院或者仲裁机构可以根据当事人的请求予以增加；约定的违约金过分高于造成的损失的，人民法院或者仲裁机构可以根据当事人的请求予以适当减少。

当事人就迟延履行约定违约金的，违约方支付违约金后，还应当履行债务。

7 合同中，“定金”与“订金”是一回事吗？

王小强打算买一架钢琴，方便妻子薛丽教女儿学习弹钢琴。他在某琴行看中了一架钢琴，并按照琴行的规定交了3000元定金。可是，妻子得知后却让他赶紧退了。原来，薛丽娘家地下室就有一架名牌钢琴，由于没人弹一直闲置着，可以搬过来用于女儿的钢琴学习。王小强来到琴行，说明情况后要求琴行返还那3000元，琴行却说这笔钱是不能返还的。原来，王小强理解的“订金”和琴行所说的“定金”并不是一码事。

混淆“订金”和“定金”，是订立合同时很容易出现的情况。《民法典》规定，当事人可以约定一方向对方给付定金作为债权的担保，定金合同自实际交付定金时成立。此外《民法典》中还规定，如果定金的给付方不履行债务，那么是无权要求返还定金的。反之，如果定金的收受方不履行合同，就得双倍返还定金。而订金是不能起到担保作用的，不具有定金的性质，而是一笔预付款，也可以作为合同无法履行时的损害赔偿金。可见，一般情况下定金是不能退还的。这样一来，定金的数额如果过高，给付方一旦无法履行债务，就会蒙受较大的损失。确定定金的数额，是有一定的原则的：

（1）双方当事人可以自由约定定金的数额。

（2）定金数额受最高限额的限制，即不得超过主合同标的额的20%，超出限额的定金约定是无效的。实践中定金数额往往是收受方定好的，如果数额过高，给付方要勇于借助法律武器保护自己的权益。

（3）实际交付的定金数额，如果出现多于或者少于约定的情况，通常被认定为变更约定的定金数额，要以实际交付的数额为准。

一些商家会利用消费者错误理解“定金”与“订金”来诱导消费者签约，这是一种恶意行为，消费者必须认清二者的区别，避免不必要的损失。本案例中，王小强和琴行在合同中约定的是定金，他不想按照约定履行合同，那么依法是不能要求将定金返还的。

法典在线

《中华人民共和国民法典》第五百八十六条　当事人可以约定一方向对方给付定金作为债权的担保。定金合同自实际交付定金时成立。

定金的数额由当事人约定；但是，不得超过主合同标的额的百分之二十，超过部分不产生定金的效力。实际交付的定金数额多于或者少于约定数额的，视为变更约定的定金数额。

《中华人民共和国民法典》第五百八十七条　债务人履行债务的，定金应当抵作价款或者收回。给付定金的一方不履行债务或者履行债务不符合约定，致使不能实现合同目的的，无权请求返还定金；收受定金的一方不履行债务或者履行债务不符合约定，致使不能实现合同目的的，应当双倍返还定金。

8 因天气原因造成违约，需要承担赔偿责任吗？

岳呈呈研制出了一款独具特色的草莓面包，草莓面包的草莓果酱需要高品质的新鲜草莓制作，他经过多方考察，与某草莓果农签订了一份合同，约定其奶油草莓成熟时，将地里出产的草莓出售给岳呈呈。任何一方违约，须支付违约金3000元。草莓即将成熟时，果农早早联系好了采摘草莓的人，并向某运输公司发出了运输委托。没想到，当地持续下起暴雨，致使草莓无法及时采摘，都腐烂了。果农无奈地通知岳呈呈，说自己无法履行合同了。岳呈呈要求他支付违约金，果农辩称不是自己的错，拒绝支付违约金。请问因为天气原因造成违约是否可以免责？

小强说法

本案例涉及不可抗力不能履行合同的免责规定。《民法典》规定，合同签订后，双方当事人中一方违约，另一方有权依法要求对方继续履行、支付违约金或赔偿损失。但是，如果违约方是因不可抗力（指无法预见、避免和克服的客观情况）而无法继续履行合同的，就能够根据不可抗力影响的大小，部分或全部免除责任。免除责任的多少，需要分情形来确定：

（1）不可抗力是不能履行合同的全部原因的，全部免除责任；

（2）不可抗力是不能履行合同的部分原因的，部分免除责任；

（3）法律另有规定的，按照规定来执行。例如，保价的快递如果由于不可抗力发生灭失，无法免除赔偿责任。

因不可抗力无法履行合同时，违约方应当及时通知对方，尽量减少可能给对方造成的损失，并应当在合理期限内提供证明。如果不可抗力发生在违约人迟延履行之后，其违约责任是不能免除的。

本案例中，突发而持续的暴雨是果农无法预见、避免和克服的，他并非有意迟延履行，也尽到了及时通知的责任。因此，应当免除其违约责任。

法典在线

《中华人民共和国民法典》第五百九十条　当事人一方因不可抗力不能履行合同的，根据不可抗力的影响，部分或者全部免除责任，但是法律另有规定的除外。因不可抗力不能履行合同的，应当及时通知对方，以减轻可能给对方造成的损失，并应当在合理期限内提供证明。

当事人迟延履行后发生不可抗力的，不免除其违约责任。

9 房屋卖方违约令损失扩大，买方能获得相应赔偿吗？

高冬冬最近打算在某一线城市买一套二手房。他经过多方考察，经某连锁房屋中介公司居间介绍，看中了成某的一套闲置房屋。过了不久，高冬冬与成某签订了房屋买卖合同，约定成交价格407万元，合同中对履行和违约责任都进行了详细的约定。签订合同后，高冬冬支付给中介公司6万元的中介费。又过了一段时间，高冬冬与中介公司共同对该房屋进行了网签。

但是，就在网签之前，成某就明确表示不再履行合同。原来，成某出售这套房屋，并没有得到妻子吉某的同意。吉某是该房屋的共有人，她拒绝转移房屋的所有权，合同自然无法继续履行了。经过一年多的协商，依然无法达成共识，高冬冬就向人民法院起诉，请求判令解除房屋买卖合同。此外，由于双方协商期间房屋价格已经大幅上涨，高冬冬的后续购房也受到了实际影响，他请求人民法院判令被告成某赔偿这些相应的损失。高冬冬最后能得到赔偿吗？

本案例的重点，是《民法典》中保护非违约方权益、防止损失扩大的规定。多数情况下，一方当事人违约，非违约方不会无动于衷，坐视损失扩大，通常会采取积极措施来防止损失扩大，尽量减少损失。实际上，防止损失扩大，本来就是非违约方的义务。不履行这一义务，不积极采取适当措施，致使自己的损失扩大，就无法根据扩大的损失请求赔偿。非违约方防止损失扩大而支出的合理费用，应保留相应证据，据此请求违约方赔偿。

在本案例中，高冬冬与中介公司在明确知道成某拒绝履行合同的情况下，还是办理了网签，实际影响了后续购房。且高冬冬在明知吉某拒绝转移房屋所有权的情况下，不及时通过解除合同、主张定金罚则、要求违约赔偿等方式维护自己的合法权益，也没有在合理的时间内购买替代性房屋，因此，房价上升的风险与损失应当自行承担。因此，高冬冬仅能获得中介费损失与适量的预期利益损失的赔偿。

法典在线

《中华人民共和国民法典》第五百九十一条　当事人一方违约后，对方应当采取适当措施防止损失的扩大；没有采取适当措施致使损失扩大的，不得就扩大的损失请求赔偿。

当事人因防止损失扩大而支出的合理费用，由违约方负担。

第四章

买卖和赠与，契约来保障。

1 运货途中翻车，损失算谁的？

王小强投资电影院的计划因为疫情搁置后，尝试了各种生意，还一度想收购古董，但成效都不太好，最近他开始做起了水果批发生意。一段时间后，王小强发现只批发苹果、香蕉、橘子之类的普通水果，利润较低，应该卖一些稀缺、高端、品质好的水果，这样利润才可观。于是，他决定进一批每斤批发价70元的车厘子。他和供货商联系，得知有一批高质量的车厘子正由港口运往他们所在的城市。于是，王小强和供货商签订合同，买下了那批车厘子，货款十余万元。第二天，供货商给他打来电话，告诉他货车在路上遭遇了山体滑坡，司机跳车逃生，他的车厘子全都被压坏了。王小强觉得货是在自己收到前损毁的，损失应该由供货商或者运输公司承担，但是供货商认为他们是在运输途中签订的买卖合同，那批货已经属于王小强了，所以拒绝承担损失。运输公司则表示，货

物在运输途中因不可抗力毁损、灭失，无须承担赔偿责任。那么该批车厘子的损失应当由谁来承担？

远程经济交易的日益频繁、便利，使得长途运输货物的情况日益普遍，在运输途中因不可抗力等非运输方责任的原因导致货物毁损、灭失，从而使得合同双方产生纠纷的情况很常见。其中，路货买卖导致的纠纷也在逐渐增多。路货买卖，是指出卖人已经将货物交由承运人运输，中途出卖人与买受人签订买卖合同，将货物的所有权出卖给买受人的情形。按照《民法典》规定，出卖人出卖交由承运人运输的在途标的物，除当事人另有约定外，毁损、灭失的风险自合同成立时起由买受人承担。也就是说，自该合同成立之时，货物的所有权就已经发生转移。这时货物在运输途中发生毁损、灭失，除非当事人另有约定的，由买受人承担损失。不过，如果出卖人在订立合同时知道或者应当知道货物已经遗失或者损坏，却故意不告诉买受人，损失就应当由出卖人承担。

王小强的车厘子是在运输途中因不可抗力毁损的，且他事先没有和供货商在合同中对运输途中毁损风险由谁承担进行约定，根据法律法规，车厘子在运输途中毁损的风险应该在合同成立时就由买受人即王小强承担。

法典在线

《中华人民共和国民法典》第六百零六条　出卖人出卖交由承运人运输的在途标的物，除当事人另有约定外，毁损、灭失的风险自合同成立时起由买受人承担。

网购的东西出现质量问题，怎么办？

王小强一家准备去黄山旅游，这时他才想到相机坏了，需要买一台新的。妻子劝他到店里去买，王小强作为网购爱好者，还是坚持网购。他在某购物平台上浏览了半天，最终选中一款虽然名气不大但价格极为实惠、评价也以好评居多的相机。他们原定5天后出发，相机3天后送到了。王小强急于向妻子证明自己选择网购是没错的，于是在家中用新相机为家人拍照，发现成像质量远没有商家宣传的好，不仅画面模糊，光学防抖功能更是一塌糊涂。王小强在妻子的劝说之下，和客服联系，客服同意换一台新的。王小强只得推迟了出游时间，将相机寄了回去。7天之后，新的相机发了过来，王小强试了试，发现性能仍然较差，不能满足王小强一家的照相需求。因此，王小强联系客服要求退货，但是被拒绝了。

网上购物，其实质仍然是买卖合同，即出卖人和买受人就所要交易的标的物达成合意，签订合同，并严格按照合同约定来履行合同。本案中，王小强购买的产品不符合其期望的质量要求，经过换货之后依然不符合质量要求，可见合同目的已经无法实现，即标的物质量已经构成了根本违约。这时王小强拒绝接受产品，并要求解除合同，是不构成违约的，因为按照《民法典》的规定，因标的物不符合质量要求，致使不能实现合同目的的，买受人可以拒绝接受标的物或者解除合同。买受人拒绝接受标的物或者解除合同的，标的物毁损、灭失的风险由出卖人承担。

另外，网络购物平台的责任也不可推卸。按照相关法律法规，网络购物平台对商家的商品负有审查义务，应当要求商家提供真实可靠的交易信息。王小强之所以坚持选择网购，是出于对这个知名网络购物平台的信任，所以，该平台也应当承担连带赔偿责任。

因此，本案例中王小强可以向该商家要求退款和赔偿，该购物平台也需要承担连带赔偿责任。

法典在线

《中华人民共和国民法典》第六百一十条　因标的物不符合质量要求，致使不能实现合同目的的，买受人可以拒绝接受标的物或者解除合同。买受人拒绝接受标的物或者解除合同的，标的物毁损、灭失的风险由出卖人承担。

3 合同到期仍然交付货物，收货方该怎么做？

高冬冬的父亲高天民经营着一家小超市。某年7月，高天民与某饭店签订了一份协议，双方约定：从该年8月1日至8月31日，高天民每天为该饭店提供啤酒30箱，每箱35元，该饭店每天收到啤酒后开出收据，9月15日付款。协议签订后，高天民便让员工杜某每天为饭店送货。8月28日，高天民到外地出差，9月5日回来才得知，杜某仍然在给饭店送啤酒，已经多送了150箱。于是，高天民给饭店打电话征求要不要续签协议，对方拒绝了。9月15日，高天民带着收据到饭店结款，饭店老板要求高天民让点儿利，每箱按30元计算，否则多送的150箱没有收据的啤酒，饭店不予承认。为此，双方发生纠纷。请问饭店多收的啤酒是否有付款责任？

本案例涉及多交付标的物的问题。多交付标的物，是指在买卖合同履行过程中，出卖人因疏忽或者为了尽可能多地推销产品，实际交付的标的物数量超出了合同约定。对买受人来说，接受出卖人按约交付的标的物是义务，而对于超过合同约定的部分，可以接收，也可以拒绝接收，选择权在买受人的手里。对于超出部分的价款，《民法典》规定，出卖人多交标的物的，买受人可以接收或者拒绝接收多交的部分。买受人接收多交部分的，按照约定的价格支付价款；买受人拒绝接收多交部分的，应当及时通知出卖人。

当出卖人出于疏忽多交付货品时，就容易产生纠纷。因为部分买受人商业信誉较低，多收之后却不予承认，出卖人主张交付货款，往往拿不出足够的证据。所以，在这里提醒出卖人，日常交付货物时要注意向买受人索要收据、收条等书面凭证，以免遇到不必要的麻烦。

本案例中，饭店对于高天民一方多交付的150箱啤酒并没有提出异议，而是如实照收，饭店应该按照原合同约定的每箱35元的价格支付货款。饭店单方面要求降价，否则就不承认多收合同标的物的行为没有法律根据。

法典在线

《中华人民共和国民法典》第六百二十九条　出卖人多交标的物的，买受人可以接收或者拒绝接收多交的部分。买受人接收多交部分的，按照约定的价格支付价款；买受人拒绝接收多交部分的，应当及时通知出卖人。

分期付款到期不付，可以解除合同吗？

王小强经历了很多诉讼，“久病成良医”，他逐渐掌握了丰富的法律知识，大家碰到诉讼案件都会和他商议。最近，王小强的妻子薛丽的哥哥薛毅经常来找王小强，和他谈自己最近遇到的麻烦。

原来，薛毅最近和龙某签订了《股权转让协议》和《股权转让资金分期付款协议》，约定将薛毅持有的某网络公司7.15%的股份转让给龙某，股权合计700余万元，龙某分4期付清。龙某先向薛毅支付了第一期转让款150万元，但逾期没有支付第二期转让款，薛毅就以公证的方式向龙某送达了《关于解除协议的通知》，认为龙某根本违约，提出解除双方的协议。收到通知第二天，龙某就向薛毅支付了第二期转让款，并按照约定时间和数额支付了第三、第四期转让款。但薛毅却认为合同已经解除了，如数退回了龙某的四笔股权转让款。龙某就向人民法院提起诉讼，要求确认薛毅发出的解除协议的通知无效，责令其继续履行合同。薛毅已经收到了全部的转让款，还有权解除分期付款转让合同吗？

本案例涉及分期付款买卖合同出卖人的法定解除权的规定。分期付款买卖，是指买受人获得标的物后，将其应付的总价款或部分价款，在一定期限内分批向出卖人支付的买卖合同。出卖人是有权解除合同的，且在解除合同后还可以请求买受人支付标的物的使用费。但是，为了维护交易安全，分期付款买卖合同是不能随意解除的。按照《民法典》规定，出卖人解除分期付款买卖合同的前提是，买受人未支付的到期价款达到全部价款的五分之一，且在出卖人催告之后的合理期限内依然不支付到期价款的。

在本案例中，薛毅未尽催告义务，且双方订立股权转让的合同目的能够实现。由于龙某存在迟延履行的问题，薛毅可以要求龙某承担迟延履行的违约责任，而非直接解除合同。从促进交易的角度而言，法律也不会支持薛毅的请求。因此，薛毅请求解除股权转让分期付款协议的行为是无效的。

法典在线

《中华人民共和国民法典》第六百三十四条　分期付款的买受人未支付到期价款的数额达到全部价款的五分之一，经催告后在合理期限内仍未支付到期价款的，出卖人可以请求买受人支付全部价款或者解除合同。

出卖人解除合同的，可以向买受人请求支付该标的物的使用费。

《民法典》规定，分期付款买受人不能及时支付分期价款，出卖人不能直接行使解除权，而是要先履行催告程序。动辄解除合同，可能会对对方的合法权益产生不利影响，设立这一条新规的目的是保护相对弱势一方的权益，体现的是《民法典》的温度。

5 试用期结束后，必须购买该商品吗？

王小强的房子最近重新装修，他想换一套高档的真皮沙发。他来到家具城，逛了许久之后，看中了一套头层牛皮的组合沙发，这套沙发报价8888元。王小强觉得有点儿贵，但是店员告诉他，可以试用2周，满意后才付款。王小强一想，这么贵的沙发，总会有不一样的地方，试用期满后可能自己就觉得值了。于是，他租了一辆大车，将沙发拉回了家。试用期间，他觉得不太满意，打算试用期一满就退回去。

没想到，试用期满的前几天，他的一位亲戚去世了，那位亲戚的儿女为了争夺遗产闹得不可开交，王小强和妻子不得不去居中调解，忙得焦头烂额。家具城打来电话催促他付款，他没有作出明确表示，只是说自己很忙就挂掉了。又过了一段时间，他和妻子才回到自己家。这时，家具城再次打来电话，王小强表示自己不打算购买了。没想到，家具城以他在试用期限届满未作表示为由，要求他必须购买。王小强讲述了自己没有及时作出表示的原因，家具城并不认可，双方只能通过诉讼解决纠纷。

本案例涉及试用买卖合同买受人对标的物购买选择权的规定。试用买卖合同，在今天已经日益普遍了，是商家的一种推销和宣传的手段。在试用期限内，买受人选择购买，买卖合同即发生效力，双方当事人都应该按照约定履行合同；买受人选择不购买，买卖合同就不发生效力。买受人行使该选择权时，可以用书面形式，也可以用口头形式，不影响其效力。试用买卖合同在试用期限内，买受人是选择购买还是拒绝购买，都是合法权利，其他人不得干涉。但是，《民法典》也规定了几类买受人没有作出认可的意思表示，法律依然会视为认可的情形：

（1）试用期限届满后，买受人既不表示购买，也不表示不购买，法律就会视为认可。此时标的物已经交付，消费者应当履行买受人的义务；

（2）试用期间，买受人支付了部分价款或者将试用品出卖、出租、设立担保物权等，也视为同意购买。

王小强在试用期限届满没有确定买还是不买，法律上已经视为购买了，事后再拒绝已经没有法律依据了，他应当支付这套沙发的价款。

法典在线

《中华人民共和国民法典》第六百三十八条　试用买卖的买受人在试用期内可以购买标的物，也可以拒绝购买。试用期限届满，买受人对是否购买标的物未作表示的，视为购买。

试用买卖的买受人在试用期内已经支付部分价款或者对标的物实施出卖、出租、设立担保物权等行为的，视为同意购买。

6 住户因暖气不够热而生病，应该找谁赔偿？

王小强的父亲王大山和继母陆蔓已经搬到城里一年多了。两位老人刚来时是冬天，他们对家中的地暖非常满意，在屋里都能穿短袖了。今年的冬天，两位老人还准备在家里穿着薄薄的衣服过冬。没想到，供暖后仅仅1个月，陆蔓就因为暖气不够热病倒了。王大山也抱怨不已，就算在房间里，也穿上了羽绒服。年轻力壮的王小强也感觉到暖气远远没有去年热了。

王小强向物业反映了情况，物业方面说，还有很多业主反映了暖气不热的问题，已经代表小区向供热公司投诉了。供热公司对供热设施进行检测，发现没有异常情况。于是，供热公司又派了员工入户检查，才发现是部分用户大量盗用采暖管道中的循环热水所致。这些用户在暖气管道上私接水管，通到卫生间内，还在上面装了水龙头，洗漱都用里面的水。由于他们的自私行为，才出现暖气不够热的问题。供热公司立刻拆除了这些装置，暖气也变热了。但是，王小强还有一个疑惑，自己母亲的病和小区中其他居民的损失，能否要求供热公司承担赔偿责任呢？

小强说法

本案例涉及了供用热力合同，即一方提供热力供另一方使用，另一方则按照约定支付报酬的合同。供用热力合同具有公用性，消费对象通常是社会公众，因此，必须保证所有人平等地享有热力资源。同时还具有公益性，主要是满足人民的生产、生活需要，提高人民生活水平，因此，不能随意提高收费标准。这两个重要性质，不仅涉及供用热力合同，也涉及供用电、水、气合同，这些资源的利用都是大量、经常、持续的，所以供应人和利用人往往签订格式合同。合同中供应人承诺提供符合国家规定的服务，利用人则按照约定支付报酬。供应人没有按照国家规定的质量标准和约定供应热力、电、水，造成利用人损失的，以及利用人不根据合同支付报酬的，都应当承担赔偿责任。

在本案例中，供热公司可以向盗用采暖管道中的循环热水的用户追偿，但同时要对陆蔓等因暖气不够热而遭受损失的用户承担赔偿责任。

法典在线

《中华人民共和国民法典》第六百五十一条　供电人应当按照国家规定的供电质量标准和约定安全供电。供电人未按照国家规定的供电质量标准和约定安全供电，造成用电人损失的，应当承担赔偿责任。

《中华人民共和国民法典》第六百五十六条　供用水、供用气、供用热力合同，参照适用供用电合同的有关规定。

7 逾期不支付电费，供电人可以中止供电吗？

王小强的父亲和继母因为怀念老家，决定回去住一段日子。王小强又和妻子薛丽闹起了矛盾，薛丽一气之下回了娘家。王小强看着空荡荡的家，心里非常不好受，开始在公司疯狂加班，回到家倒头就睡。周末，他一觉睡到中午，突然有人来敲门，原来是供电公司上门催交电费了。王小强心情差到极点，敷衍几句就让来人走了。又过了一段时间，王小强和薛丽的关系依然没能缓和，他也忘了交电费的事情。

某天，供电公司的员工再次上门催交电费，并声明目前他需要交纳电费和用电合同中约定的违约金。如果他再不支付电费和违约金，供电公司就要中止供电。王小强刚和薛丽吵了一架挂了电话，气不打一处来，觉得这名员工在危言耸听，就将他赶走了。这天晚上，王小强正百无聊赖地躺在床上，听着电视机里不知道什么节目的声音胡思乱想，突然停电了。王小强有些疑惑：供电公司有权中止供电吗，这是否损害了自己作为公民的合法权益？

小强说法

用电人使用电能，需要按照国家有关规定和当事人的约定及时履行支付电费的义务。逾期不支付电费，就要承担相应的责任，其中就包括中止供电。不过，供电人中止供电，也需要满足一定的前提条件。《民法典》规定，用电人逾期不支付电费的，应当按照约定支付违约金（没有约定违约金的，应当支付电费的逾期利息）。经催告，用电人在合理期限内仍不支付电费和违约金的，供电人可以按照国家规定的程序中止供电。供电人在中止供电前，需要事先通知用电人。

王小强因为个人原因长期不履行支付电费的义务，供电公司的工作人员向他催交电费和违约金，依然遭到拒绝，这才在通知之后对他中止供电，是符合国家规定的。他需要支付电费和违约金，双方才可以成立新的供用电合同关系。

法典在线

《中华人民共和国民法典》第六百五十四条　用电人应当按照国家有关规定和当事人的约定及时支付电费。用电人逾期不支付电费的，应当按照约定支付违约金。经催告用电人在合理期限内仍不支付电费和违约金的，供电人可以按照国家规定的程序中止供电。

供电人依据前款规定中止供电的，应当事先通知用电人。

8 诈捐行为，触犯了法律吗？

在一次帮助希望小学扩建教学楼的公益募捐活动中，大风建筑集团以捐款50万元“拔得头筹”，并因此受到了当地政府和教育部门的大力表彰，各家媒体也纷纷对此进行报道。但捐款活动结束将近半年，其他捐款者的捐赠款项已经基本到账，唯有大风建筑集团一直未将认捐款项交付，虽然希望小学多次催交，但仍没有任何结果。在社会各方面的一再追问下，大风建筑集团负责该事务的高冬冬才遗憾地表示：“因公司高层对捐款事宜不能达成一致意见，所以公司已经决定取消捐赠计划。”然而，受募捐的希望小学已经将该笔款项列入建校计划之中，并且已做好了扩建前的各项准备工作，大风建筑集团的这一举动，迫使该小学不得不暂停所有工作。那么大风建筑集团取消捐赠计划的行为是否违法呢？

本案例涉及赠与合同的撤销和限制的规定。赠与合同，是指一方当事人将自己的财产无偿给予受赠人，受赠人表示接受赠与的合同。这类合同被统称为诺成性合同。赠与合同中，双方当事人只要做到意思表示一致，合同就产生法律效力，不管赠与物品是否交付到受赠人手中。大风建筑集团在公益募捐活动上表示自己愿意向希望小学捐款50万元，希望小学接受后，该赠与合同即成立并生效，至于大风建筑集团实际将该款项交付希望小学则属于履行合同义务。

虽然赠与合同在赠与人交付财产前是可以撤销的，但是，本案例中的情况却是例外，因为大风建筑集团捐赠的款项是用于扩建希望小学的，其具有社会公益、道德义务性质，依法是不能撤销的。《民法典》规定，经过公证的赠与合同或者依法不得撤销的具有救灾、扶贫、助残等公益、道德义务性质的赠与合同，赠与人不交付赠与财产的，受赠人可以请求交付。所以，大风建筑集团不能任意撤销该笔捐赠。希望小学可以与大风建筑集团对捐赠事宜进行协商，也可以请有关部门出面调解，如果上述方法都行不通，希望小学还可以依靠法律来维护自己的权益。

法典在线

《中华人民共和国民法典》第六百五十八条 赠与人在赠与财产的权利转移之前可以撤销赠与。

经过公证的赠与合同或者依法不得撤销的具有救灾、扶贫、助残等公益、道德义务性质的赠与合同，不适用前款规定。

《中华人民共和国民法典》第六百六十条 经过公证的赠与合同或者依法不得撤销的具有救灾、扶贫、助残等公益、道德义务性质的赠与合同，赠与人不交付赠与财产的，受赠人可以请求交付。

依据前款规定应当交付的赠与财产因赠与人故意或者重大过失致使毁损、灭失的，赠与人应当承担赔偿责任。

赠与物品有瑕疵造成损害，赠与人需要负责吗？

王大山和老于是多年的邻居，关系还不错。某年11月，王大山的儿子王小强搬进了新家，考虑父亲和继母都年事已高，身边又没有人照料，王小强便准备将两位老人接来一起住。前几年，王小强曾为父母买了一台32英寸的彩电，图像、声音都很好。王大山觉得自己搬去跟儿子住，王小强家里有好几台电视，这台就用不着了，就把彩电送给了生活困难的老于，并告知他彩电的使用情况。老于欣然接受，将彩电搬回自己的卧室观看，彩电运行一直正常。但没想到，第二年7月，这台彩电在使用中突然爆炸，将正在看电视的老于炸伤，并毁坏了卧室内的部分家具。为此，老于责怪王大山，认为其赠与的彩电存在安全隐患，应当对自己遭受的损失负责。王大山则认为老于不知好歹，愤然拒绝赔偿。那么王大山是否应当承担赔偿责任？

小强说法

本案例涉及赠与人瑕疵担保责任。赠与人无偿捐赠的物品存在瑕疵，造成受赠人发生人身、财产损害的，受赠人往往要求赠与人承担违约责任。但按照《民法典》规定，赠与人财产有瑕疵的，赠与人在一般情况下并不需要承担责任。但是一些特殊情形除外：

（1）附义务的赠与。即赠与合同的成立需要受赠人负担一定的义务，这时赠与的财产有瑕疵的，赠与人就应当在受赠人所附义务的限度内承担与出卖人相同的担保责任，这样才符合公平原则。

（2）赠与人故意不告知赠与财产的瑕疵或者保证无瑕疵，造成受赠人损失的，应当承担赔偿责任。

本案例中王大山将彩电无偿赠与老于，并没有在赠与过程中附加某种义务、条件，且老于在接受赠与时也知道该彩电的品质状况和使用寿命，王大山没有故意隐瞒赠与财产的瑕疵，也不可能知道该彩电会在使用中发生爆炸。因此，其不必对老于因赠与财产瑕疵所遭受的损害承担赔偿责任。

法典在线

《中华人民共和国民法典》第六百六十二条　赠与的财产有瑕疵的，赠与人不承担责任。附义务的赠与，赠与的财产有瑕疵的，赠与人在附义务的限度内承担与出卖人相同的责任。

赠与人故意不告知瑕疵或者保证无瑕疵，造成受赠人损失的，应当承担赔偿责任。

处理财产关系，有契约更省心。

第五章

1 借款没有打欠条，钱就要不回来了吗？

高天民准备在市中心租赁一处门面房，将自己的超市迁到那里。由于资金不足，在外甥王小强的引荐下向刘某借款。刘某同意借给高天民6万元人民币，并且碍于王小强的情面，未与高天民打欠条，双方只是口头约定借款利息为月息1.5%，借款期限为6个月，刘某在本金中先扣除了第一个月的利息900元。

还款期限届满，刘某要求高天民还款，但出乎意料的是，高天民先推说自己资金困难要求刘某宽限几天，后来干脆抵赖说自己没有借过钱。由于刘某手中没有书面凭证，一时间不知道该如何处理此事，于是找到王小强。在王小强的指点下，刘某请高天民吃饭，在谈话中录下了高天民承认欠款的话，以此为根据要回了欠款。

本案例涉及借款合同的形式和内容。现实生活中，因口头借款合同发生纠纷的案件非常多，原因就是缺乏有力的凭据，某些信誉较低的借款人就会抓住机会拖欠借款甚至赖账。《民法典》规定，借款合同采用书面形式，但自然人之间借款另有约定的除外。可见，自然人之间的口头借款合同是符合法律规定的。一般来说，口头借款合同只要符合三个要件就应该被认定为有效：

（1）主体合格。自然人为完全民事行为能力人。

（2）意思表示真实。

（3）内容合法且不违背社会公德、不损害第三人的利益。

口头借款合同可以约定利息，但《民法典》规定借款的利息不得预先在本金中扣除，刘某预先在借款本金中扣除利息的行为是得不到法律支持的，高天民的实际借款数额应为 5.91 万元。

人民法院审理借贷案件的起诉，应要求原告提供书面借据，无书面借据的，应提供必要的事实根据。

针对高天民借款后赖账的行为，如果没有其他书证、物证等可以收集的有力证据，当事人可以在事后收集视听资料以便作为证据使用。本案例中，刘某在无欠条且借款方高天民又拒不承认借款事实的情况下，可以基于上述规定，采取电话录音、面谈录音的方式收集证据，但是该录音不能涉及对方的隐私。

法典在线

《中华人民共和国民法典》第六百六十八条　借款合同应当采用书面形式，但是自然人之间借款另有约定的除外。

借款合同的内容一般包括借款种类、币种、用途、数额、利率、期限和还款方式等条款。

借款时没有约定还款时间，该怎么办？

王小强的堂弟王小军为了创业，向某农机公司经理肖某借款10万元。经肖某要求，王小军当时打了一张欠条，内容大致为：今从肖某处借得现金10万元，月息1.6%，还款时连本带息一起归还。2年后，肖某因受贿被判处3年有期徒刑。出狱后不久，肖某就拿着欠条要求王小军还债，但王小军以没有约定还款期限等种种理由拒绝归还。于是，肖某向人民法院提起了诉讼，王小军在答辩中称肖某的诉讼时效已过，要求人民法院驳回肖某的请求。请问王小军的请求是否有法律依据？

本案例涉及借款期限的认定的规定。自然人之间借款，往往不重视还款期限的约定，贷款人催要时，借款人就会以此为由搪塞对方。因此，借款合同中必须重视还款期限，并进行明确约定。《民法典》规定，对借款期限没有约定或者约定不明确，不能达成补充协议的，以及按照合同相关条款或者交易习惯仍不能确定的，借款人可以随时返还；贷款人可以催告借款人在合理期限内返还。具体包括：

（1）借款合同中约定了还款期限，就按照约定还款；

（2）借款合同中没有约定还款期限或约定不明确，双方当事人可以进行协议补充，在补充协议中明确约定还款期限；

（3）无法达成补充协议的，借款人可以随时返还借款，贷款人也可以随时请求返还，但应当先行催告，给借款人留下合理的筹款时间。如果借款人在合理期限届满后仍然不能还款，就应该承担违约责任。

至于王小军提到的诉讼时效，是指权利人在一定的期限内不行使请求人民法院保护其民事权利的请求权，该请求权就会丧失。虽然相关法律法规并没有明确规定借款合同的诉讼时效，但《民法典》第188条规定，向人民法院请求保护民事权利的诉讼时效期间为3年，而诉讼时效期间自权利人知道或者应当知道权利受到损害以及义务人之日起计算。

本案例中，肖某借给王小军的10万元现金已过5年时间，但因肖某一直未向王小军索要，所以他请求还款的诉讼时效，应该从出狱后索要欠款遭到拒绝之时起计算。王小军和肖某之间属于一般的民间借贷，王小军写给肖某的欠条中没有约定还款期限，事后也没有达成补充协议。根据上述规定，肖某随时有权要求王小军归还借款，但应给对方必要的准备时间。

法典在线

《中华人民共和国民法典》第六百七十五条　借款人应当按照约定的期限返还借款。对借款期限没有约定或者约定不明确，依据本法第五百一十条的规定仍不能确定的，借款人可以随时返还；贷款人可以催告借款人在合理期限内返还。

3 怎样避免陷入“套路贷”的陷阱？

王小强的表妹白甜甜读大学二年级时，眼看着同学们用高档化妆品、名牌包包、高价手机，羡慕得不得了。但是，父亲每月给她的生活费只能保证她基本的吃穿。于是，她“盯”上了网贷，觉得少借点，下月就能还上。但是，到了还款的日子她发现自己根本还不上，又不敢跟父母说，只能“以贷养贷”，从别的平台上借钱还前面的平台。终于，到了大学三年级时，她由于屡次到期还不上钱丧失了正规平台的资质，将目光转向了非法平台。

她先后在多个金融平台上借钱，每个平台上都是一两千元。这些平台都宣称低息，到了约定的日期，她想还钱时，对方就故意制造通信失联、系统维护等障碍，想方设法让她还不上，导致违约金翻番。没过几个月，她在每个平台上都欠了好几万元。她还不上了，对方就打电话或发微信催促、辱骂乃至威胁她和她的家人，还有的宣称要PS她的裸照发给家人朋友。白甜甜的精神濒临崩溃时，终于向父母说了真话。她的父亲给外甥王小强打电话商量，王小强建议让白甜甜一定保留好聊天记录、通话记录等，不要犹豫，赶紧报警，眼下则可以先挂失身份证、更换手机号来躲避骚扰。

小强说法

随着网络的发展，在民间肆虐的高利贷不仅没有偃旗息鼓，反而“与时俱进”，建立了各种名目的“网络金融公司”“网络贷款平台”，实质上多是涉黑的高利贷。《民法典》明确禁止高利贷，借款的利率不得违反国家有关规定。且规定借款合同中没有明确利息多少，借款人就可以不还利息，使得利息不得不透明化。一般来说，在我国的借款合同纠纷案件中，即便双方约定了利息，根据我国法律规定，“双方约定的利率超过合同成立时一年期市场报价利率四倍的除外”，超过部分的利息无效。随着《民法典》禁止高利贷的配套规则进一步完善，各种高利贷、“套路贷”，都将得到法律的制裁。

本案例中的借一两千元，几个月就得还几万元是典型的高利贷。王小强的建议报警是正确的选择，高利贷破坏国家金融秩序，是重点打击的对象，这些非法贷款平台都将遭到取缔，高利放贷人员均将得到法律的惩处。

法典在线

《中华人民共和国民法典》第六百八十条　禁止高利放贷，借款的利率不得违反国家有关规定。

借款合同对支付利息没有约定的，视为没有利息。

借款合同对支付利息约定不明确，当事人不能达成补充协议的，按照当地或者当事人的交易方式、交易习惯、市场利率等因素确定利息；自然人之间借款的，视为没有利息。

新法亮点

近些年，“套路贷”“校园贷”等案件频发，既影响正常金融秩序，也给社会稳定带来隐患，并导致很多涉世未深的年轻人深陷其中无法自拔，很多家庭受到连累，为此还贷倾家荡产，一些欠款者甚至选择了轻生来躲避债务，酿成一出出人间惨剧。因此，《民法典》明确禁止了高利贷，民间借贷将逐渐规范和完善，以便维护金融市场秩序，保护社会的稳定，同时也是为了鼓励人们将更多的资金投入实体经济，推动经济高质量发展。

高额回报
高额回报=陷阱！
1
利息
本金
2
快还钱！
3
4
欠70万
借30万
禁止高利放贷，借款的利率不得违反国家有关规定。

4 保证人什么时候可以拒绝向债权人承担保证责任呢？

卫翰承包了一个工程，最近急需用钱，就向全某借款 10 万元。全某答应借款但需要有人就本次借款进行担保，卫翰找到了自己的表哥王小强，在卫翰“软磨硬泡”之下王小强答应做保证人，卫翰保证一拿到工程款，马上把借款还清。借到钱后，卫翰将借款全部用来发放拖欠的员工工资，随着还款日期的临近，卫翰越来越焦虑，他的工程款因为各种原因一直没要回来。债务到期了，卫翰无法还钱，全某直接找到王小强，要求他承担保证责任。王小强告诉全某，自己承担的是一般保证责任，所以需要全某先向卫翰要钱，自己现在可以拒绝承担保证责任。王小强的说法是否有法律依据？

保证的方式包括一般保证和连带责任保证。过去，

原担保法规定保证合同中如果没有约定保证方式，就推定为连带责任保证。根据这个规定，王小强这样的出于情面来做保证人的，没有从担保行为中得到特别的利益，反而要承担连带责任，是要求过高的。因此，《民法典》规定，当事人在保证合同中对保证方式没有约定或者约定不明确的，按照一般保证承担保证责任。而一般保证责任在主合同纠纷未经审判或者仲裁，并就债务人的财产依法强制执行仍不能履行债务前，是有权拒绝向债权人承担保证责任的，有《民法典》第 687 条规定的四类特定情形的除外。这样一来，保证人的权益也得到了保障，体现了法律法规的温度。

本案例中，王小强作为保证人，双方协议里未约定担保的方式，并且没有《民法典》规定的特殊情形，所以，王小强承担一般保证责任，据此，他在主债务未经审判或仲裁，并且卫翰财产未经执行前可以拒绝承担保证责任。

法典在线

《中华人民共和国民法典》第六百八十六条　保证的方式包括一般保证和连带责任保证。

当事人在保证合同中对保证方式没有约定或者约

定不明确的，按照一般保证承担保证责任。

《中华人民共和国民法典》第六百八十七条 当事人在保证合同中约定，债务人不能履行债务时，由保证人承担保证责任的，为一般保证。

一般保证的保证人在主合同纠纷未经审判或者仲裁，并就债务人财产依法强制执行仍不能履行债务前，有权拒绝向债权人承担保证责任，但是有下列情形之一的除外：

（一）债务人下落不明，且无财产可供执行；

（二）人民法院已经受理债务人破产案件；

（三）债权人有证据证明债务人的财产不足以履行全部债务或者丧失履行债务能力；

（四）保证人书面表示放弃本款规定的权利。

《民法典》颁布之前，保证合同中对保证方式没有约定或者约定不明确的，保证人就被推定为承担连带责任保证，保证人的权利义务和利益关系是不平衡的。《民法典》中，保证合同中对保证方式没有约定或者约定不明确的，被推定为一般保证，保证人就享有了先诉抗辩权，让保证人的权益也得到了一定的保障。这是《民法典》相比原担保法的一个进步。

5 租赁期间房东卖房，租户还能继续住吗？

王小强的公司迁到了城郊的高新区，他每天上班坐公交车太远，开车又堵得厉害。于是，他和妻子商量后，将自己的房子租了出去，又在离公司不远的某小区租下了一套两居室的商品房，双方签订的租赁期限为2年。这套房子离单位近，房子的户型南北通透，日照充足，让他非常满意。妻子薛丽更是将房间布置得整洁漂亮，还将孩子转学到了附近的学校。但在合同履行一年后，房东将房屋卖给了刘某，并向其说明了该房屋已经出租的情况。双方办完过户手续后，刘某要求王小强一家限期搬出，遭到王小强的拒绝。一个月后，刘某更换房门钥匙，并将该房另行出租。王小强为此将刘某告上法庭。

本案例涉及买卖不破租赁的法律适用问题。在房

屋租赁期间，房屋所有人是可以对该房屋进行处置的，包括房屋买卖，以及以其他方式对房屋产权进行变动，如赠与、继承等。但是，这种变动不得损害房屋承租人的利益，如房屋所有人不得在租赁期间将该房屋另租于他人。房屋的所有权变动时，承租人可以根据买卖不破租赁原则保护自己的权益，即使房屋的买受人不知道租赁合同的存在，租赁关系依然对买受人具有约束力。买卖不破租赁原则的适用条件是：

（1）租赁合同成立且已生效，承租人已经实际占有了租赁物；

（2）租赁物所有权的变动发生在租赁期限内，有租赁合同作为根据；

（3）租赁物所有人将所有权让与了第三人，例如房屋的买受人。

但是，买卖不破租赁原则通常只适用有固定期限的房屋租赁合同，且应当在房屋租赁合同的有效期限内；不定期租赁的，出租人有权随时要求解除租赁合同，所以无法适用该原则。

本案例中，虽然房屋所有人发生了变动，但原租赁合同继续有效，刘某应当继续履行原租赁合同，王小强可以继续居住到合同期限届满。

法典在线

《中华人民共和国民法典》第七百二十五条　租赁物在承租人按照租赁合同占有期限内发生所有权变动的，不影响租赁合同的效力。

《中华人民共和国民法典》第七百二十六条　出租人出卖租赁房屋的，应当在出卖之前的合理期限内通知承租人，承租人享有以同等条件优先购买的权利；但是，房屋按份共有人行使优先购买权或者出租人将房屋出卖给近亲属的除外。

出租人履行通知义务后，承租人在十五日内未明确表示购买的，视为承租人放弃优先购买权。

6 融资租赁合同生效，出卖公司不交付租赁物，怎么办？

卫翰所在的工程公司需要盾构机挖通一段隧道，但是，盾构机价格极为昂贵，公司用到的时候又不多，所以决定从出租建筑设备的重云公司租用一台。双方经过协商后就盾构机的具体租赁问题达成了一致，签订了《融资租赁合同》。之后，重云公司与国内一家生产盾构机的企业签订了购买合同。但是，生产企业始终没有将产品交付重云公司，工程公司的工作也只能一拖再拖。卫翰非常着急，找表哥王小强商量办法，王小强建议工程公司直接找盾构机的生产企业，要求他们交付租赁物。卫翰十分意外，《融资租赁合同》又不是跟生产企业签的，找企业有什么用呢？

融资租赁是一种普遍的非银行金融形式，承租人

需要某一物件，但无力或不愿购买，就以将对租赁物的特定要求和对出卖人的选择告知出租人（即融资租赁公司），出租人出资向出卖人购买租赁物，再租给承租人使用，承租人应当分期向出租人支付租金，租赁期间出租人拥有租赁物的所有权。简单地说，融资租赁合同包括两个合同：一是出租人与承租人签订的融资租赁合同；二是出租人与出卖人签订的买卖合同。与传统租赁方式相比，融资租赁以承租人占用融资成本的时间来计算租金，传统租赁方式则以承租人租赁、使用租赁物的时间计算租金。这样一来，资金不足但又急需某种设备的企业（特别是中小企业）就能够只付一部分首付就得以租到该设备。

根据《民法典》的规定，融资租赁交易中，出卖人是将租赁物直接交付承租人的，承租人享有买受人的权利，要求出卖人承担租赁物的瑕疵保证责任。出卖人不按时交付租赁物的，承租人与出租人的权利是一样的。

在本案例中，合同签订后，盾构机生产企业一直没有交付产品，卫翰所在的工程公司可以要求重云公司交付租赁物，同时也享有和重云公司一样的权利，直接要求盾构机生产企业交付租赁物。因此，王小强的建议是合理的。

法典在线

《中华人民共和国民法典》第七百三十五条　融资租赁合同是出租人根据承租人对出卖人、租赁物的选择，向出卖人购买租赁物，提供给承租人使用，承租人支付租金的合同。

《中华人民共和国民法典》第七百三十九条　出租人根据承租人对出卖人、租赁物的选择订立的买卖合同，出卖人应当按照约定向承租人交付标的物，承租人享有与受领标的物有关的买受人的权利。

7 债权人与债务人解除了买卖合同，保理人怎么维护自己的权益呢？

大风建筑集团承包了某大型工程，于是与九英建材公司订立了买卖合同，约定九英建材公司将一批水泥卖给大风建筑集团，大风建筑集团在3个月后付款100万元。合同订立后，九英建材公司交付了货物。九英建材公司急需用钱，但对大风建筑集团的债权3个月后才到期，于是，九英建材公司找到大风建筑集团商量，并在大风建筑集团确认后，与市内的某银行订立了《保理合同》，将债权转给了银行，银行向九英建材公司支付了受让款80万元。九英建材公司和银行订立合同后，向大风建筑集团通知了此事。但是，1个多月以后，大风建筑集团被发现并无工程资格，无法再参与工程，于是与九英建材公司解除了买卖合同。九英建材公司的债权已经消灭，于是拒绝向银行付款。请问银行能否继续主张债权？

《民法典》规定，保理合同是应收账款债权人将现有的和将有的应收账款转让给保理人，保理人提供资金融通、应收账款管理或者催收、应收账款债务人付款担保等服务的合同。在债权人将应收债款转让给保理人后，保理人需将应收账款转让通知发给债务人，保理人也就成了应收账款债权人，有权要求债务人清偿债务。为保障保理人的权益，《民法典》还规定，应收账款债务人和债权人如果没有正当理由就协商变更或者终止基础交易合同，损害保理人权益的，不发生法律效力。具体来说，这一规定包括以下情形：

（1）债务人尚未收到应收账款转让通知，可以与债权人协商变更基础合同，此时的变更对保理人发生效力；

（2）债务人收到应收账款转让通知后与债权人协商变更基础合同，该变更对保理人有利的，就对保理人发生效力；对保理人不利的，则不发生效力；

（3）债务人收到应收账款转让通知后，基于正当理由与债权人协商变更基础合同，就算该变更对保理人不利，仍旧可以对保理人发生效力。

在本案例中，大风建筑集团与九英建材公司无正当理由协商变更或者终止基础交易合同，对银行不发生效力，银行依然可以要求大风建筑集团履行支付义务。

法典在线

《中华人民共和国民法典》第七百六十一条 保理合同是应收账款债权人将现有的或者将有的应收账款转让给保理人，保理人提供资金融通、应收账款管理或者催收、应收账款债务人付款担保等服务的合同。

《中华人民共和国民法典》第七百六十二条 保理合同的内容一般包括业务类型、服务范围、服务期限、基础交易合同情况、应收账款信息、保理融资款或者服务报酬及其支付方式等条款。

保理合同应当采用书面形式。

《中华人民共和国民法典》第七百六十五条 应收账款债务人接到应收账款转让通知后，应收账款债权人与债务人无正当理由协商变更或者终止基础交易合同，对保理人产生不利影响的，对保理人不发生效力。

《牛津简明英语词典》对保理业务的定义为：保理是指从他人手中以较低价格购买债权并通过收回债权而获利的经济活动。我国银行业从1987年就开始开展保理业务，发展到2017年商业保理业务量已经达到10000亿元人民币。随着行业的发展，保理业务的纠纷也越来越多，但与之相适应的法律规定却比较笼统，大多散见于各种法律规定中，标准难以统一。《民法典》对保理合同作出了具体规定，具有重要的理论和现实意义，对保理行业而言，保理合同终于师出有名，保付理赔业务终于上升到法律层面，有了相关规范，法官们裁判保理案件时不再感到棘手，也更有利于促进保理业务合法、规范地发展，充分发挥保理行业在经济金融活动中的重要作用。

8 未经定作人同意，承揽方可以将工作交由他人完成吗？

卫翰所在的公司因工作需要，与弘扬服装厂签订了一份员工工作服定作合同。合同规定：卫翰的公司提供样品，服装厂购料加工员工工作服500套，每套原料费200元，加工费100元，服装厂在次月月底交货。弘扬服装厂签订合同后，又接到了一批数额很大的订单。因为厂里人手不够，所以就私自将加工员工工作服的订单转让给予自己关系较好的凌奥制衣厂。不久，卫翰去弘扬服装厂验收员工工作服的加工情况，却在检验中发现，该批工作服存在严重质量问题。于是，他提出与弘扬服装厂解除合同并要求对方赔偿他所在公司受到的损失。但弘扬服装厂认为该批服装由凌奥制衣厂加工，应当由凌奥制衣厂承担赔偿责任。请问卫翰公司的损失应当由谁承担？

《民法典》规定，承揽人将其承揽的主要工作交由第三人完成的，应当就第三人完成的工作成果向定作人负责；未经定作人同意的，定作人也可以解除合同。之所以这样规定，是因为承揽合同的订立，是以定作人对承揽人工作能力的信任为基础的，就算定作人没有明确表示，承揽人也应当自己完成承揽工作。如果确实有正当的理由无法亲自完成承揽合同的主要工作，在转交第三人完成时也应当遵循如下原则：

（1）承揽人转交第三人的行为如果没有得到定作人的同意而擅自转交，定作人有权解除合同；

（2）承揽人将承揽的工作交由第三人完成的，应就第三人完成的工作成果向定作人负责。给定作人造成损害的，不管第三人承揽的是主要工作还是辅助工作，都应由承揽人承担责任。

本案例中，弘扬服装厂在未经卫翰所在公司同意的情况下擅自将加工员工工作服的工作转让给凌奥制衣厂，该行为已经构成违约，卫翰所在公司有权解除合同并要求弘扬服装厂赔偿损失。

法典在线

《中华人民共和国民法典》第七百七十条　承揽合同是承揽人按照定作人的要求完成工作，交付工作成果，定作人支付报酬的合同。

承揽包括加工、定作、修理、复制、测试、检验等工作。

《中华人民共和国民法典》第七百七十一条　承揽合同的内容一般包括承揽的标的、数量、质量、报酬，承揽方式，材料的提供，履行期限，验收标准和方法等条款。

《中华人民共和国民法典》第七百七十二条　承揽人应当以自己的设备、技术和劳力，完成主要工作，但是当事人另有约定的除外。

承揽人将其承揽的主要工作交由第三人完成的，应当就该第三人完成的工作成果向定作人负责；未经定作人同意的，定作人也可以解除合同。

《中华人民共和国民法典》第七百七十三条　承揽人可以将其承揽的辅助工作交由第三人完成。承揽人将其承揽的辅助工作交由第三人完成的，应当就该第三人完成的工作成果向定作人负责。

9 工程验收合格但合同无效，还能获得工程款吗？

卫翰与某建工集团签订了建设工程施工合同，随后，他带领自行招募的民工和技术人员开始施工。施工完毕后，该建工集团验收合格，并支付了工程款的一半，双方约定日期支付另一半，但期限届满后该建工集团没有支付剩余工程款。工人们则纷纷来向卫翰讨要工资，卫翰联系到该建工集团的一位负责人，索要剩余工程款。负责人表示，公司发现卫翰并不具备施工资质，所以他们签订的建设工程合同是无效的，公司拒不支付剩余的工程款。

卫翰不知所措，他找到表哥王小强，请他帮忙拿个主意。王小强建议卫翰向人民法院提起诉讼。卫翰很疑惑：自己没有施工资质，人民法院会支持自己的诉求吗？

本案例涉及的是建设工程施工合同无效的前提下，工程验收合格或不合格时该怎样处理。通常来说，合同无效，就不再具有法律拘束力。但是，《民法典》本着实事求是、物当其用的效益原则，规定如果建造的工程已经完成且验收合格的，发包人要对施工者进行补偿，即参照合同关于工程价款的约定折价补偿承包人。但是，如果建设工程施工合同无效，且工程验收不合格，情况就要复杂多了，也不再适用上述原则，而是要根据以下要求处理：

（1）验收不合格，承包人负担修复费用，且修复后的工程经验收合格的，发包人可以参照合同关于工程价款的约定补偿承包人；

（2）修复后的工程验收依然不合格的，承包人就需要自己负担所有责任，无权要求发包人参照合同关于工程价款的约定补偿自己。

此外，如果发包人对工程不合格造成的损失有过错，那么也要承担相应的责任，不能把责任都推到承包人的身上。

按照上述要求可以看出，卫翰和某建工集团的建设工程施工合同虽然无效，但工程已验收合格，是可以依法索要剩余的工程款的。

法典在线

《中华人民共和国民法典》第七百九十三条 建设工程施工合同无效，但是建设工程经验收合格的，可以参照合同关于工程价款的约定折价补偿承包人。

建设工程施工合同无效，且建设工程经验收不合格的，按照以下情形处理：

（一）修复后的建设工程经验收合格的，发包人可以请求承包人承担修复费用；

（二）修复后的建设工程经验收不合格的，承包人无权请求参照合同关于工程价款的约定折价补偿。

发包人对因建设工程不合格造成的损失有过错的，应当承担相应的责任。

进行社会活动，让合同保驾护航。

第六章

1 高铁上“霸座”，是违法行为吗？

王小强要到南方某城市出差，提前一天购买了一张高铁票。这是一张靠窗座位的车票，他第一次到这座城市去，沿途能看看窗外的风景，想想就很惬意。第二天，他早早来到车站，上车之后，发现自己的座位上坐着一个男子。王小强确认了一下车票，礼貌地对那个男子说：“您好，这个座位是我的。”没想到，男子对他不理不睬。王小强又说了一遍，男子嘴里骂骂咧咧地说：“凭什么是你的？”王小强无奈，找来了列车员。没想到，男子依然不站起来，说王小强要么站着，要么就去他的座位，总之就是不想放弃这个靠窗的位置。列车长和乘警都来劝阻，男子依然无动于衷。无奈，列车长把王小强安排到了商务座的一个靠窗的位置，但他看风景的心情全被破坏了，于是他找到列车长，告诉列车长自己有权坐到自己票面记载的位置，占座男子的行为已经违反法律规定，列车长应该对该男子的行为进行处罚，不能助长这种不良风气。

C18
我行李都放好了。
你坐了我的座位，请让一下！
C18
1
C18
你这是"霸座"行为！！
2
C18
对不起！是我错了！
3
"霸座"现在是违法行为了！

本案例涉及旅客须持有效客票乘坐的规定。客运合同中，客票是表示承运人负有运送其持有人义务的书面凭证，也可以视为收到旅客乘坐费用的凭据，更是一份代表着承运人和旅客之间签订的客运合同的债权文书。在乘客购票成功之时，乘客与承运机构的客运合同就已经生效，车票载明的座位即为合同的条款，“霸座”不仅是一种不道德的行为，更是一种违法行为，如果承运机构对“霸座”行为不制止，也是对乘客的违约，乘客可要求承运机构强制“霸座”者归还座位。

法典在线

《中华人民共和国民法典》第八百一十四条　客运合同自承运人向旅客出具客票时成立，但是当事人另有约定或者另有交易习惯的除外。

《中华人民共和国民法典》第八百一十五条　旅客应当按照有效客票记载的时间、班次和座位号乘坐。旅客无票乘坐、超程乘坐、越级乘坐或者持不符合减价条件的优惠客票乘坐的，应当补交票款，承运人可以按照规定加收票款；旅客不支付票款的，承运人可以拒绝运输。

实名制客运合同的旅客丢失客票的，可以请求承运人挂失补办，承运人不得再次收取票款和其他不合理费用。

对乘车行为进行法律层面的引导和规范，不仅关系交通出行的秩序，也对提升整个社会的文明水准有重要意义。《民法典》细化了客运合同中旅客和承运人的义务，规定旅客应当按照有效客票记载的时间、班次和座位号乘坐，并对干扰运输秩序和危害运输安全的行为予以规范，增加了“霸座”者的违法成本，使其不再仅仅涉及道德问题，而是上升到了法律层面，改变了针对“霸座”者无法可依的状况，有利于杜绝此类现象，践行社会主义核心价值观。

2 旅客抢夺方向盘造成损伤，责任谁来担？

这天早晨，王小强乘坐819路公交车去上班。车上人不少，他就在靠近车头的位置抓着拉手站着。在他前面不远，一个四十多岁的男子正坐着专心地玩着手机。由于车上广播出了故障，到站后司机喊了两声："有在××站下的没有？"男子没有抬头，依然玩着手机。车缓缓启动了，刚走了不远，那名男子抬头向窗外看了看，突然站起来喊道："我在××站下，停车！"司机说："你没听到我刚才喊的吗？车出站了不能停车的。"男子并不理睬，嘴里不干不净地骂着，要求司机停车。司机不肯停，他就开始大声辱骂，并挥起拳头砸向司机的头和脸，司机依然没有停车，手也始终没有离开方向盘。男子见状，动手去抢夺方向盘，很多旅客吓得尖叫起来，纷纷指责该男子。王小强眼看男子一直不停手，飞起一脚踹向那名男子。男子非常健壮，转身挥拳向王小强打来，两人扭打在了

一起。几个旅客帮着王小强将男子控制住，司机在下一站停下车报了警。经过调查，男子构成以危险方法危害公共安全罪，司机和王小强得到了表彰。

本案例涉及承运人承担安全运输义务。安全运输义务极为重要，为了保证安全运输，承运人有义务将注意事项详细告知旅客，例如，禁止携带易燃易爆等危险物品，飞机上要系好安全带，公交车出站中途不能停车等。《民法典》也对旅客进行了要求，旅客应当积极协助和配合承运人为了安全运输而进行的合理安排。部分旅客不仅不配合，反而用殴打司机、抢夺方向盘等危险行为对安全运输进行阻挠和破坏，那就严重违反了有关公共安全的法律法规，甚至构成刑法中的以危险方法危害公共安全罪，尚未造成严重后果的，处3年以上10年以下有期徒刑；致人重伤、死亡或者使公私财产遭受重大损失的，处10年以上有期徒刑、无期徒刑或者死刑。

本案例中，殴打司机、抢夺方向盘的男子，已经构成犯罪，将受到法律的严惩。

法典在线

《中华人民共和国民法典》第八百一十八条 旅客不得随身携带或者在行李中夹带易燃、易爆、有毒、有腐蚀性、有放射性以及可能危及运输工具上人身和财产安全的危险物品或者违禁物品。

旅客违反前款规定的，承运人可以将危险物品或者违禁物品卸下、销毁或者送交有关部门。旅客坚持携带或者夹带危险物品或者违禁物品的，承运人应当拒绝运输。

《中华人民共和国民法典》第八百一十九条 承运人应当严格履行安全运输义务，及时告知旅客安全运输应当注意的事项。旅客对承运人为安全运输所作的合理安排应当积极协助和配合。

新法亮点

公共交通工具是一个社会的缩影，也是社会安定的重要表现。近几年，旅客殴打司机、抢夺方向盘的恶性事件不时出现，甚至酿成了公交车坠江的重大事故。为此，《民法典》通过法律规定维护交通运输秩序和运输安全，确保出行秩序和公共安全，使旅客出行环境更舒心、更安心。

3 旅客见义勇为受伤，可以要求公交公司承担责任吗?

王小强在819路公交车上和抢夺方向盘的男子打了一架。他不擅长打架，虽然旅客们很快制伏了那个健壮、强悍的男子，但王小强还是被打伤了。旅客们对他的勇敢行为赞不绝口，将他送到了医院，并表示如果有必要可以为他作证。因为这件事，王小强还成了当地的网络名人，被誉为“飞踹侠”。

事后，那个抢夺方向盘的男子被刑事拘留，案件正在进一步侦办，等待他的很可能是3年的有期徒刑，王小强觉得这个结果大快人心。但是，王小强很快有了烦恼：公司正在进行一个重大项目，自己作为业务骨干，却因伤住进了医院，耽误了好几天的工作。在医院里只能静养，因为他的手受伤了，连打字都打不了，没法远程办公。于是，他想让公交公司提供医疗费用，并赔偿自己的误工费等损失。但是，他出院后和公交公司协商时，对方却认为他们没有这样的义务。于是，王小强将公交公司告上了法庭，要求人民法院判令公交公司赔偿医疗费、误工费、护理费、营养费等。亲戚朋友普遍认为他告不赢，王小强却非常自信。结果，人民法院果然支持他的请求，认定公交公司应当依法承担赔偿责任。

本案例涉及旅客伤亡的损害赔偿责任。保证旅客的人身安全，是承运人的重要义务之一。运输合同生效后，承运人负有将旅客安全送到目的地的义务，即在运输过程中承运人应当保证旅客的人身安全。但是对于没有合法合同关系、未被允许乘坐的无票乘坐人，承运人对其伤亡不承担赔偿责任。对于具备合法合同关系的旅客的伤亡，以下情况承运人可以免除责任：

（1）旅客因自身健康原因造成伤亡；

（2）承运人能够证明，是旅客故意或重大过失造成了自身伤亡。

本案例中，王小强之所以受伤，是因为在公交车运行过程中见义勇为，而不是自身健康原因或是故意、有重大过失等，因此，公交公司就构成了违约，且其违约行为与王小强的受伤有直接的因果关系。人民法院据此认定，公交公司是不能免责的，应当承担赔偿责任。

法典在线

《中华人民共和国民法典》第八百二十三条　承运人应当对运输过程中旅客的伤亡承担赔偿责任；但是，伤亡是旅客自身健康原因造成的或者承运人证明伤亡是旅客故意、重大过失造成的除外。

前款规定适用于按照规定免票、持优待票或者经承运人许可搭乘的无票旅客。

4 高新仪器研发不成熟，需要承担责任吗？

王小强最近负责公司新仪器研发的相关事宜，公司委托某研究所进行某种仪器的研发。双方在合同中约定：公司预付20万元研发费，研究所研发出初试样机测试合格后再支付10万元研发经费和报酬。经过3个月的奋战，研究所制造出初试样机。王小强代表公司进行了技术指标的验收，发现有些技术指标需要改进。于是双方达成补充协议，约定：研究所在初试样机的基础上对某些技术指标进行改进，科技公司追加5万元作为研发费用。但随后，研究所经过多次测试，研究都没有成功。王小强再次进行验收时，认为样机的技术指标没有达到双方约定的要求，并不同意支付追加的5万元研发费。研究所认为，研究新产品、新技术本身就存在着风险，研发工作虽然部分失败，但由此引起的研发费用应由委托方承担。由于双方始终未能达成一致意见，最后只好诉至人民法院。

本案例涉及技术开发合同的风险分担和通知义务。科学技术的研究开发，是人类对未知领域的勇敢探索，必然伴随着风险。在技术开发合同履行过程中，一方或双方当事人作出了最大限度的努力之后，依然可能会出现无法克服的技术困难，导致研究开发工作全部失败或部分失败。因此，对技术开发合同的风险责任，必须有法可依，才能避免纠纷。《民法典》规定，技术开发合同履行过程中，因出现无法克服的技术困难，致使研究开发失败或者部分失败的，该风险由当事人约定；没有约定或者约定不明确，依据本法第510条的规定仍不能确定的，风险由当事人合理分担。

本案例中，公司与研究所签订的关于某种仪器的研发委托合同，对其技术指标作了明确的规定。在研究所按照约定制造出初试样机后，双方又达成补充协议，对技术指标提出了进一步的要求。但是由于存在技术风险，研究所在初试样机的基础上技术改进失败。因此，公司对于研究所实际支出的研究费用理应支付。但是，研究所仅可就已完成的工作成果要求公司支付报酬。

法典在线

《中华人民共和国民法典》第八百五十八条 技术开发合同履行过程中，因出现无法克服的技术困难，致使研究开发失败或者部分失败的，该风险由当事人约定；没有约定或者约定不明确，依据本法第五百一十条的规定仍不能确定的，风险由当事人合理分担。

当事人一方发现前款规定的可能致使研究开发失败或者部分失败的情形时，应当及时通知另一方并采取适当措施减少损失；没有及时通知并采取适当措施，致使损失扩大的，应当就扩大的损失承担责任。

汽车在宾馆停车场丢失，宾馆需要赔偿吗？

一天晚上，王小强搭乘表弟高冬冬的越野车，行驶到王某经营的宾馆门口，准备在此住宿。王小强通过询问当晚值班的门卫，得知宾馆当前有房间可供入住，并且宾馆后方有停车场可供停车。之后，高冬冬把车停到了宾馆后方的停车场。王小强在前台办理了住宿手续，两人一起住进宾馆。此后，门卫锁上了停车场的大门并回到了自己房间休息。第二天上午8时左右，高冬冬来到停车场，并没有找到自己的车，于是返回大厅告诉门卫。门卫立刻进入停车场查看，发现停车场的大门敞开，挂在大门上的防盗锁也不见了。高冬冬报案，称其私家车在某宾馆停车场遭人盗窃。接到报案之后，公安局刑警大队即刻前往现场予以勘查，并以盗窃案立案侦查。

高冬冬向人民法院提起诉讼，提出由宾馆老板王某赔偿车辆损失16万元的要求。根据高冬冬提出的申请，人民法院在审理期间对涉案被盗车辆进行价格鉴定，鉴定所依据的相关资料由高冬冬提供，最终确定该车的资产评估值为10.5万元。王某辩称未收取汽车看管费，不应当承担汽车被盗的损失。那么宾馆是否对汽车被盗承担损害赔偿责任呢？

本案例涉及对保管物毁损、灭失责任的规定。保管人保管不善造成保管物毁损、灭失如何赔偿，要遵循《民法典》的规定视情况而定：

（1）一般情况下，保管期间因保管人的过失造成保管物毁损、灭失，保管人应当承担赔偿责任。顾客与宾馆、饭店等因保管东西丢失发生纠纷时，应当向宾馆或饭店所在地的人民法院提起诉讼，并出示住宿或用餐的账单、停车场交费凭证等相关证据，双方有书面合同的，应当出示合同原件。

（2）如果双方之间是无偿保管合同关系，就应当由宾馆或饭店举证，证明自己在保管过程中没有过错。

本案例中，高冬冬虽然没有额外支付保管费，但他与宾馆之间的保管合同是有偿保管合同。这是因为高冬冬将车停在宾馆停车场，是以在宾馆消费为前提的。宾馆的服务以经营餐饮与住宿为主，保管顾客的财物属于其附随义务，因此，即使没有收取高冬冬的停车费及出具保管凭证，高冬冬、宾馆之间实际产生的车辆保管关系也并不因此受影响。所以，宾馆应该按照该车的资产评估值赔偿高冬冬的损失。

法典在线

《中华人民共和国民法典》第八百九十七条　保管期内，因保管人保管不善造成保管物毁损、灭失的，保管人应当承担赔偿责任。但是，无偿保管人证明自己没有故意或者重大过失的，不承担赔偿责任。

6 物业公司可以用停电、停水等方式催交物业费吗？

王小强家里突然停电了，于是他找到小区物业，要求对方检查原因，却被告知是由于他拖欠物业管理费而停电。原来，上次王小强曝光了小区的塑胶人工湖，开发商不得不耗巨资挖了真的湖，但小区的声誉大打折扣，影响了开发商和物业公司的收入。对于物业服务的不足之处，王小强也凭借丰富的法律知识直接指出来并责令物业公司改正。为此，王小强成了物业公司眼里的“刺儿头”，在服务时就想给他“穿小鞋”。例如，有一次王小强家里的水管坏了，物业公司就一拖再拖，过了很久才来修，原因王小强自然心知肚明。这样的事情上演了几次，王小强实在气不过，就拒绝再交物业费。

这次被断电，王小强向物业公司提出交涉，无果。后他又找到供电管理部门，在供电部门的工作人员到达现场之后，物业公司以其没有工作证件为由拒绝为其开配电房的门。王小强认为，物业公司利用管理之便，以停电的方式威逼他，给他的生活带来极大的不便，于是将该物业公司告到人民法院，请求判决物业公司排除供电妨害，恢复用电，并向他赔礼道歉，减收 1 个月管理费，赔偿经济损失。物业服务人员挑衅地对他说："你不交物业费就该这样，告到哪里都没用。"

本案例涉及业主支付物业费的相关规定。《民法典》规定，物业公司应当提供物业合同中约定的服务，业主则应当按照约定向物业服务人支付物业费。在合理期限届满仍然不支付物业费的，物业服务人有权强制履行，业主不得以未接受或无须接受相关服务为由拒绝支付物业费，否则就构成违约行为，应当承担违约责任。

物业服务人对拒绝按合同支付物业费的业主可以提起诉讼或者申请仲裁，但是不能采取停电、停水、停热等措施来催交物业费。物业服务人并非供电部门，不管是以什么理由，都没有权利对业主采取停电措施，不然就会构成侵权。

王小强提出的要物业公司赔礼道歉和减免1个月管理费的请求没有法律依据，人民法院可能不予支持，但是他要求赔偿经济损失、排除供电妨害和恢复供电的请求是会得到支持的。

法典在线

《中华人民共和国民法典》第九百三十七条　物业服务合同是物业服务人在物业服务区域内，为业主提供建筑物及其附属设施的维修养护、环境卫生和相关秩序的管理维护等物业服务，业主支付物业费的合同。

物业服务人包括物业服务企业和其他管理人。

《中华人民共和国民法典》第九百四十四条　业主应当按照约定向物业服务人支付物业费。物业服务人已经按照约定和有关规定提供服务的，业主不得以未接受或者无需接受相关物业服务为由拒绝支付物业费。

业主违反约定逾期不支付物业费的，物业服务人可以催告其在合理期限内支付；合理期限届满仍不支付的，物业服务人可以提起诉讼或者申请仲裁。

物业服务人不得采取停止供电、供水、供热、供燃气等方式催交物业费。

物业管理纠纷主要是与物业服务合同相关的纠纷，但原合同法规定的15种典型合同中并不包含物业服务合同，《民法典》首次将物业服务合同纳入19种典型合同中，对各种物业合同纠纷问题作出明确规定。物业行业的存在具有较高的社会意义和价值，因为与业主的生活息息相关，又非常容易产生纠纷，只有建立和完善相关法律法规，才能让物业和业主减少纠纷，形成互利共赢的关系。随着《民法典》的施行，困扰物业管理行业的很多纠纷都将有法可依，这对物业行业的发展及社会的和谐稳定都有较高的现实意义。

7 行纪人可以买下自己代卖的产品吗？

高天民最近从供货商处得到一批进口啤酒，考虑自己的小超市客流量相对较少，销售量没有保证，他决定委托自己超市附近的某中型超市代为销售。双方约定 50 元一箱，一箱 10 罐，每卖出去一箱啤酒，超市可得 5 元报酬。超市老板发现这些啤酒的包装很有新意，肯定能吸引消费者的眼球。尝了一罐，发现口感也很好，于是预想到会比较畅销，决定自己把这批啤酒都买下来，再适当加价卖出。高天民得知后很高兴，他对这批货物原本没有太大的信心，这下钱稳稳到手了，所以并没有反对。结果，这批啤酒很快就销售完了，超市老板获利颇丰。高天民有些眼红，超市老板既从自己这里拿到了报酬，又将啤酒提价赚了一笔，便宜都被他占了。

高天民以卖出价格高于约定价格为由，拒绝支付超市的报酬。超市老板不服，将他告上了法庭。高天民向自己的外甥王小强咨询，问自己能不能胜诉，王小强摇了摇头，告诉他有协议就应当依照协议履行。请问王小强的话是否有道理?

本案例涉及行纪合同的法律规定和行纪人介入权。行纪人与委托人签订行纪合同后，以自己的名义帮助委托人进行贸易活动(如买卖证券和其他商品)，并从委托人那里获得约定的报酬。行纪人介入权是指行纪人对自己接受委托买卖的商品有权介入，即将商品直接以自己的名义买下来。《民法典》规定，行纪人自己可以作为买受人买入具有市场定价的商品，但要满足以下条件:

(1)委托人没有作出反对行纪人介入的意思表示;

(2)行纪人尚未对委托事务作出处理;

(3)行纪合同依然是有效存在的。

行纪人一旦行使了介入权，就与委托人之间产生了买卖合同，但此时行纪人依然有报酬请求权，委托人还是要按照合同约定付给行纪人报酬。

在本案例中，双方已经约定了商品的市场定价，超市老板本来就依法拥有购买该批商品的权利。此外，高天民并没有反对超市老板行使介入权，事后再反对已经没有法律依据了。因此，他应当按照行纪合同约定支付报酬。

法典在线

《中华人民共和国民法典》第九百五十一条 行纪合同是行纪人以自己的名义为委托人从事贸易活动，委托人支付报酬的合同。

《中华人民共和国民法典》第九百五十二条 行纪人处理委托事务支出的费用，由行纪人负担，但是当事人另有约定的除外。

《中华人民共和国民法典》第九百五十五条 行纪人低于委托人指定的价格卖出或者高于委托人指定的价格买入的，应当经委托人同意；未经委托人同意，行纪人补偿其差额的，该买卖对委托人发生效力。

行纪人高于委托人指定的价格卖出或者低于委托人指定的价格买入的，可以按照约定增加报酬；没有约定或者约定不明确，依据本法第五百一十条的规定仍不能确定的，该利益属于委托人。

委托人对价格有特别指示的，行纪人不得违背该指示卖出或者买入。

《中华人民共和国民法典》第九百五十六条　行纪人卖出或者买入具有市场定价的商品，除委托人有相反的意思表示外，行纪人自己可以作为买受人或者出卖人。

行纪人有前款规定情形的，仍然可以请求委托人支付报酬。

8 买房子可以绕过中介，直接与卖家签合同吗？

刚搬进来就跟开发商闹得不愉快，后来又与物业产生了纠纷，王小强终于决定卖掉房子，换一个新环境。他把房子挂到了小区附近的一家大型连锁房产中介公司的分店中。在该公司的要求下，双方签订了《独家委托房产销售委托书》。不久，房产中介公司为他找到了一个买主，等到双方见面时，王小强才发现买主竟然是自己的高中同学缇娜。王小强本来就有缇娜的微信，于是两人借口考虑考虑，私下里商量了起来。两人都觉得，何苦让中介赚走那一大笔中介费呢？于是，他们决定“跳单”，私下里订立了买卖合同，办理了过户。纸里包不住火，房产中介公司还是知道了这件事，将王小强告上了人民法院，要求他赔偿自己的损失。

我想买一套房子
1
这是房主
这不是老刘吗!
这不是老王吗!
2
3
我们私下交易吧还省中介费
好主意!
4
你们这是"跳单"行为,需交纳中介费用!!
跳单
"跳单"行为将受法律制约,"跳单"需谨慎!

本案例是对委托人“跳单”应支付报酬的规定。“跳单”又称“跳中介”，是指买受人或出卖人在与中介公司签订相关协议之后，利用中介公司提供的独家资源信息和促成的买卖双方见面洽谈等机会达成交易意向，随后一方或双方为了规避向中介公司支付中介费的义务，跳过中介私自签订买卖合同的行为。这种行为会让中介公司的付出得不到回报，而且避开正规中介公司私下交易，也会提升房产交易出现产权问题、资金安全和物业纠纷等风险。为了维护市场的稳定、保障中介人权益，《民法典》规定，委托人接受中介服务，得到中介人提供的交易机会或者媒介服务后，却绕开中介人直接与第三人订立合同的，应当向中介人支付报酬。

在本案例中，王小强与房产中介公司签订了协议，房产中介公司介绍来了缇娜，王小强和缇娜都想规避中介费而“跳单”的行为，违反了《民法典》的规定。因此，王小强应该支付约定的中介费。

法典在线

《中华人民共和国民法典》第九百六十一条　中介合同是中介人向委托人报告订立合同的机会或者提供订立合同的媒介服务，委托人支付报酬的合同。

《中华人民共和国民法典》第九百六十二条　中介人应当就有关订立合同的事项向委托人如实报告。

中介人故意隐瞒与订立合同有关的重要事实或者提供虚假情况，损害委托人利益的，不得请求支付报酬并应当承担赔偿责任。

《中华人民共和国民法典》第九百六十三条　中介人促成合同成立的，委托人应当按照约定支付报酬。对中介人的报酬没有约定或者约定不明确，依据本法第五百一十条的规定仍不能确定的，根据中介人的劳务合理确定。因中介人提供订立合同的媒介服务而促成合同成立的，由该合同的当事人平均负担中介人的报酬。

中介人促成合同成立的，中介活动的费用，由中介人负担。

《中华人民共和国民法典》第九百六十五条　委托人在接受中介人的服务后，利用中介人提供的交易机会或者媒介服务，绕开中介人直接订立合同的，应当向中介人支付报酬。

新法亮点

房产交易中双方或者一方为了规避中介费的“跳单”行为在现实中广泛存在，“跳单”行为不仅让中介的付出得不到回报，也会增加房产交易的风险，引发诸如居间合同纠纷、房屋买卖、房屋租赁合同等纠纷，引发各种社会矛盾。《民法典》实施前，相关法律法规并未明确规定“跳单”行为的法律责任。《民法典》首次明确禁止“跳单”行为，将“跳单”行为上升到法律层面，不仅保障了中介人的权益，同时严格限制了违背契约精神的行为，是对我国社会经济中公平公正及诚实守信精神的倡导。

9 无因管理受伤，可以请求适当补偿吗？

一天傍晚，岳呈呈下班回家，发现邻居家门缝里冒出了缕缕黑烟，并伴随着呛人的气味。他连忙敲门，却无人回应。意识到邻居不在家，家中可能起火了，他拨打了火警电话。随后，他判断目前火势还不大，但烧下去可就不好说了。于是，他破门而入，利用卫生间里的水盆扑灭了火。由于他扑灭及时，邻居家只损失了一台电视和一套沙发。消防员来到后发现火已经熄灭，检查了是否还有火灾隐患后离开了，临走前修理了一下门锁以便暂时锁上，并建议岳呈呈去医院看看。岳呈呈这才发现自己的衣服损毁了，身上也有轻度烧伤，治疗时又花费了一些医疗费用。邻居在外地，岳呈呈打电话让他们尽快回来。很快他又跟王小强联系，他知道王小强曾经在公交车上见义勇为得到补偿，所以问王小强自己这种情况能否向邻居请求适当补偿。

岳呈呈的行为属于无因管理。所谓无因管理，就是指管理人没有法定的或者约定的义务，为避免他人的利益受损失而管理了他人的事务。为他人进行管理的就是管理人，从中受益的则是受益人，也称本人。管理人和本人之间的法律关系，就是无因管理之债。管理人自愿进行有益于他人的行为，是法律应当鼓励和表彰的。因此，《民法典》规定，管理人可请求受益人偿还因管理事务而支出的必要费用，因进行无因管理受到损失的，还可以请求受益人给予适当补偿。此外，为了照顾到受益人的权益，《民法典》还规定无因管理涉及的事务不符合受益人真实意思，是不能请求管理费用和补偿的。但是，如果受益人的真实意思是为了避免支付费用，那么就违背了社会的公序良俗，管理人依然可以请求管理费用和适当补偿。

本案例中，岳呈呈的行为避免了邻居家的重大损失，可以请求邻居为自己实行无因管理时受到的损失进行适当补偿。

法典在线

《中华人民共和国民法典》第九百七十九条　管理人没有法定的或者约定的义务，为避免他人利益受损失而管理他人事务的，可以请求受益人偿还因管理事务而支出的必要费用；管理人因管理事务受到损失的，可以请求受益人给予适当补偿。

管理事务不符合受益人真实意思的，管理人不享有前款规定的权利；但是，受益人的真实意思违反法律或者违背公序良俗的除外。

新法亮点

现实生活中，总有一些人为了他人的利益挺身而出，如见义勇为就属于无因管理。此外，照顾他人走失的宠物，下雨时帮助邻居收被子等，也属于无因管理。但是，实行无因管理之后，自己的利益遭受损失，却往往无法得到补偿。为了不让热心人寒心，《民法典》规定，无因管理人有权要求受益人支付一些必要的费用，体现了对互利互助的高尚精神与道德的鼓励。

10 汇错款了，还能要回吗？

王小强买了新房1年之后，资金终于周转开了，决定偿还买房时借的钱。王小强从卫翰那里借了5万元，决定首先还他。卫翰此时正在外地出差，半年之内不会回来，于是王小强给卫翰打电话说明情况，两人商量了一下，决定通过网上银行转账。王小强从交易记录中找到卫翰的账户，就点了确认汇款。等到转账成功的短信发送过来之后，他才觉察出有点儿不对劲，连忙再次打开网上银行，意识到自己选择的汇款对象不是卫翰，而是丁翰。王小强曾与丁翰有过业务往来，但两人很久都没有联系过了，没想到系统还存着对方的账户。由于其名字与卫翰的名字相似，王小强才犯了这个严重的错误。王小强多次与丁翰联系，想要追回这笔汇款，但丁翰并不打算还他钱，还把他拉黑了。王小强无奈，向人民法院提起了诉讼。

这个案例涉及不当得利。所谓不当得利，是指当事人一方没有法律根据取得不当利益，导致另一方的财产受到损失的法律事实。根据相关法律法规，构成不当得利需要具备四个条件：

（1）一方获得利益；

（2）另一方遭受损失；

（3）一方获得利益与另一方遭受损失间具有因果关系；

（4）一方获得的利益没有合法根据。

本案例中，丁翰获得利益，王小强的利益受损，且他的利益受损和丁翰的获利之间存在着直接的因果关系，他们之间也不存在债务关系，丁翰获得5万元也没有法律依据。因此，丁翰就是不当得利。《民法典》规定，得利人不知道且不应当知道取得的利益是不当得利（即善意得利），可以不返还该利益。丁翰的情况显然也不符合该条件。所以，丁翰应当将这5万元还给王小强。

法典在线

《中华人民共和国民法典》第九百八十五条　得利人没有法律根据取得不当利益的，受损失的人可以请求得利人返还取得的利益，但是有下列情形之一的除外：

（一）为履行道德义务进行的给付；

（二）债务到期之前的清偿；

（三）明知无给付义务而进行的债务清偿。

《中华人民共和国民法典》第九百八十六条　得利人不知道且不应当知道取得的利益没有法律根据，取得的利益已经不存在的，不承担返还该利益的义务。

新法亮点

不当得利人得到利益的前提，是利益所有人遭受了损失。最常见的是在银行转账或网络转账时多转、错转，或者在饭店时吃掉了上错的菜。这种情况下，不当得利人自然不愿偿还，利益所有人想要追回损失往往因无法可依而异常艰难。因此，《民法典》细化了不当得利的相关法律法规，让利益所有人的利益得到保障。